D1526290

LA MAGIA
DE LOS CRISTALES

LA MAGIA
DE LOS CRISTALES

ROBERT GARRET

INTRODUCCIÓN

En Geología, los cristales, al igual que las piedras, están cata-logados como minerales, aunque no todos los minerales son piedras o cristales; son todos aquellos que tienen una estructura atómica específica, y que forman un patrón cristalino. Los cristales y las pie-dras, como todo lo que existe, están formados por partículas minús-culas llamadas átomos, que son los bloques invisibles que compo-nen la materia y a la vez están formados de otras partículas aún más pequeñas llamadas protones, electrones y neutrones. Si obser-vamos estas partículas minuciosamente, descubrimos que más que materia son vibraciones infinitamente sutiles las cuales están en una armonía perfecta con la fuerza cósmica que rige el universo. El mundo material que nos rodea está formado de diferentes varia-ciones y combinaciones de estas partículas. La forma en que los átomos se unen unos con otros determina la formación de las molé-culas que componen los diferentes aspectos de la materia. Además de la composición interna, debemos tener en cuenta la influencia de un agente externo, la erosión, en la formación de los cristales. El agua, el viento y el hielo son los factores de erosión más importan-tes en la disolución de ciertas sustancias que existen en el terreno y las cuales eventualmente se cristalizan formando otro tipo de pie-dra o cristal.

También se forman nuevos materiales por la cristalización de minerales viejos, bajo la tremenda presión y elevadas temperatu-ras que existen en las zonas internas de la tierra; minerales estos, que se conocen como metamórficos, al ser creados a través de un cambio estructural y químico. Un ejemplo de un mineral o cristal metamórfico se encuentra en el granate.

Aún hoy en día nadie sabe con certeza el tiempo que tarda en formarse un cristal o piedra; ya que mientras algunos geólogos opinan que el proceso de formación dura miles de años, otros opinan que cuando todos los elementos están listos el proceso de formación se produce al instante.

Principalmente, hay dos tipos de depósitos minerales en los cuales las piedras y cristales se encuentran y se minan. El primero de ellos es el que se encuentra en ricas venas en la tierra, que son como especie de canales o espacios entre las rocas a través de los cuales se depositan soluciones minerales y se cristalizan.

Estos cristales que se desarrollan en estas venas son de fácil minación; igual que de extracción, ya que cualquier persona puede sacarlo con el uso de instrumentos tan simples como un cincel y un martillo. En Arkansas y Arizona, EE.UU., se encuentran minas de cuarzo donde cualquier persona puede entrar y sacar todos lo que quiera y encuentre.

Cuando la extracción es a nivel industrial, es una explotación minera más grande que hace imprescindible la utilización de equipos más extensos acompañados de poderosos explosivos; las mayores cantidades de cristales se encuentran en los sitios huecos dentro de la tierra donde ellos encuentran espacio suficiente para su desarrollo mineral. Es necesario, en ocasiones, seguir el curso de una vena hacia profundidades insospechadas dentro de la tierra, para lo que se necesita el uso de talados especiales.

El otro segundo tipo está concentrado en las cuencas de los ríos; para sacar los cristales es otro método de minería el que se usa, ya que estos depósitos se componen de fragmentos de venas descompuestas las cuales pueden llegar a contener maravillas cristalinas, tales como el diamante o el topacio. Comúnmente para extraer estos cristales se hace sacudiendo grandes cedazos llenos de guijarros del río entre los que se encuentran cantidades de diversos de ellos. Este proceso se lleva a cabo manteniendo el cedazo bajo el agua hasta separar los guijarros de los cristales. Una vez que se han separado es fácil ver los cristales, los cuales se sacan entonces del cedazo. Este tipo de minería se hace generalmente en pequeña escala, aunque un proceso se puede duplicar para ser utilizado en operaciones mineras más grandes.

Diversos de estos cristales son cortados, formados y pulidos por artistas lapidarios, los cuales se especializan en realzar la calidad, el lustre y el color de un piedra o cristal. La mayor parte de las piedras transparentes como los diamantes, rubíes, esmeraldas y aguamarinas son cortadas en facetas, es decir, en diferentes ángulos para realzar las propiedades físicas y ópticas de la piedra. Cada faceta le permite a la piedra capturar más luz, la cual es reflejada interiormente, destacando de esta manera su profundidad y color.

Otras piedras son cortadas en forma aglobada con una base plana. Esta forma se conoce como cabachón y permite a muchas piedras semipreciosas o imperfectas, como el granate, aclarar su color y aumentar de este modo su valor.

Todas las piedras son pulidas, hasta la más pequeña y más cruda, cada una tiene su proceso para ser pulida; las pequeñas se hacen revolviéndolas con arena en una máquina especial que gira alrededor de cuarenta revoluciones por minuto, y su proceso de pulimentación puede ser más o menos duradero, dependiendo siempre de la dureza de la piedra o cristal. Todo mineral pulido aumenta en belleza y radiación lo que la hace más codiciada, pero sin el proceso de pulimentación serían ignoradas o poco apreciadas. Entre las piedras pulidas con este método se encuentra el cuarzo rosa, suficientemente pequeña y hermosa como joya, estando al alcance de todo bolsillo.

1
EL ORIGEN DEL CRISTAL

En diversos hallazgos arqueológicos se ha demostrado que a través de los siglos muchas culturas y civilizaciones usaron los cristales y las piedras en su que hacer cotidiano. Conocimientos estos llegados a nosotros a través de las leyendas, papiros, tabletas de barro, inscripciones y jeroglíficos encontrados en distintas partes del mundo. Una fecha exacta para saber desde cuándo se usaban piedras y cristales en amuletos y talismanes es hoy en día difícil de determinar. Los datos más concretos que tenemos actualmente son de los egipcios, que tenían la creencia de la eficacia de las piedras y cristales en la curación de muchas enfermedades. El famoso *Papiro Ebers* está considerado hoy en día uno de los manuscritos terapéuticos más completos, que data del año 1500 a.C., descubierto en Egipto a comienzos del siglo XX; contiene recetas detalladas de la curación de varias enfermedades usando el poder de ciertas piedras.

Los griegos y los romanos fueron civilizaciones antiguas que también usaban el poder de las piedras y cristales, lo dejaron plasmado en importantes textos. Sobre la historia de las piedras los más famosos textos se conocen como *Cysianides* que proviene de la antiquísima Escuela Alejandrina de Grecia. Los historiadores Plinio y Solinus de Roma también dejaron escritos sobre cómo y para qué el uso de piedras y cristales. En épocas más recientes, alrededor del siglo XIII, fue Alberto Magno quien dejó el que, sin duda alguna, es entre todos el manuscrito más famoso, sobre piedras y minerales; texto que influenció a los alquimistas en el estudio sobre la energía de éstos.

En el famoso papiro conocido como *El Libro de los Muertos,* del antiguo Egipto, puede verse cómo fueron trazadas las leyendas de las piedras sobre jeroglíficos que usaban como amuletos o talismanes. Fueron esculpidas con forma de animales, de corazones o de ojos, puede que fueran grabadas así como protección contra el mal de ojo. Entre las piedras más usadas por los egipcios se encontraban el lapislázuli, el jade, el ámbar, la turquesa, el jaspe, la carvelia, el ojo de tigre y la amatista. Piedras que usaban para los amuletos y talismanes, además de ser utilizadas para adornos personales y utensilios como copas, armaduras y distintos usos.

Los egipcios preferían las llamadas piedras semipreciosas a las preciosas, tales como el diamante, el rubí o la esmeralda. El jade, por ejemplo, era preferido al diamante y en muchos de sus intercambios comerciales utilizaban el jade como moneda.

Las civilizaciones orientales también fueron conocedoras de las propiedades místicas y espirituales de las piedras destacando entre ellas China, el Tíbet y el Norte de la India, donde se usaban piedras no sólo como amuletos o agentes curativos, sino que las usaban también como ayuda en el desarrollo espiritual.

Las piedras rojas, como el rubí y el granate se usaban para curar enfermedades y también como medio de protección contra el fuego y el mal tiempo.

Las piedras azules y violetas, como la turquesa y la amatista, se asociaban con la fe y la virtud.

Las piedras amarillas, como el topacio, se usaban para atraer la felicidad y la prosperidad.

Y las piedras verdes, como el jade y la esmeralda, se usaban para la fertilidad y la fuerza.

Como amuletos, estas piedras eran colgadas al cuello de los bebés para protegerlos de todo peligro y desarrollar a la vez en ellos el respeto y la obediencia a sus progenitores. Al nacer un bebé, celebraban una ceremonia donde le asignaban una piedra natal según su signo zodiacal. Al igual que el pueblo egipcio, en estas culturas orientales, se favorecían del lapislázuli, para alcanzar la sabiduría, la piedra de la luna (*moonstone*) se usaba para atraer, la carnelia para el poder y el jade para la fertilidad.

Antiguamente en África, las cuentas de piedras semipreciosas las usaban los pueblos para atraer el valor, la sabiduría, en ritos de fertilidad, en nacimientos y entierros, a la vez que servían para ayudar en la caza. Ciertas piedras las utilizaban para identificar a una familia y otras como moneda en intercambios comerciales. Ciertas tribus del desierto del norte de África acostumbraban a trenzar sus cabellos entrelazándolos con camelias, ámbar y pedazos de huesos los cuales simbolizaban su dinastía familiar. La riqueza de una familia era juzgada de acuerdo con la cantidad de cuentas de piedras usadas por las mujeres de la familia. Cuantas más cuentas usaban, más rica era la familia. Entre las piedras más populares estaban el ágata, el amazonita, la serpentina, la malaquita y el lapislázuli.

En el libro de Éxodo, en la Biblia, está escrito que Aarón, el hermano de Moisés y gran sacerdote de los hebreos, usaba una armadura de pecho durante los ritos sagrados a Jehová, la cual estaba incrustada con doce piedras semipreciosas. Estas estaban puestas a conferir poderes divinos a Aarón mientras usara la armadura. El historiador hebreo Josephus dijo en uno de sus libros que las piedras incrustadas en la armadura de Aarón representaban amor, sabiduría, verdad, justicia, paz, equilibrio, humildad, poder, fe, alegría, comprensión y victoria. Las piedras también simbolizaban las ideas religiosas de los hebreos y su fe en la Gloria de Dios expresada en la visión de Ezequiel, la cual comparaba el trono de Jehová a un zafiro. En el libro de Enoch, uno de los libros apócrifos de la Biblia, el patriarca Enoch describe, en una de sus visiones, el palacio de Dios como formado todo de cristal. En el libro de Revelaciones, San Juan compara la Gloria de Dios con piedras de muchos colores. Estudios recientes indican que el zafiro mencionado en la visión de Ezequiel es en realidad un lapislázuli. Esta piedra, extraordinariamente venerada por los antiguos, se conocía como Chesbet entre los egipcios y era usada siempre por sus altos sacerdotes para quienes simbolizaban la verdad de Dios.

En la India existen textos escritos en sánscrito sobre astrología que datan del año 400 a.C. donde se describe en detalle el origen y el uso de las piedras. Las personas que tenían mala suerte o que temían ser embrujadas usaban combinaciones de varias piedras para anular estas influencias negativas. Entre los grupos de piedras más populares estaban el rubí, el jade y la amatista. Estas creencias son la base de las triplicidades astrológicas modernas.

Durante la Edad Media, los alquimistas utilizaban el poder de las piedras en todo tipo de curaciones. La alquimia dominó la práctica de la medicina durante esta época y eventualmente fue la base de la química moderna. Algunos alquimistas se dedicaron a la transformación de los metales y la materia. Una de las creencias más básicas de la alquimia era que todos los metales poseían una esencia básica y que si mezclaba un metal crudo con otro mineral esto resultaba en la transformación de un metal más puro, como el oro, el cual era considerado el más elevado producto de la naturaleza y, como, tal representaba al ser humano. Una de las más importantes contribuciones de los alquimistas fue el probar la dureza del diamante, al cual llamaron Adamus, la piedra más perfecta que existe.

Tanto los mayas como los aztecas, los incas y tribus de indios norteamericanos como los sioux, hurok y cochise, utilizaron los cristales y las piedras tanto en la diagnosis como el tratamiento de enfermedades. Las tribus amerindias utilizaban el cuarzo blanco en ceremonias especiales durante las cuales los mayores de la tribu leían el futuro en el cuarzo. En México, los aztecas creían que cuando una persona vivía una vida ejemplar su alma al morir iba a habitar dentro de un cuarzo blanco. Si alguien encontraba el cristal, el espíritu dentro del cuarzo le hablaba directamente al corazón, le sanaba de toda enfermedad y le convertía todos sus sueños en realidad.

LOS CRISTALES HOY

Hemos visto cómo diferentes culturas y civilizaciones humanas usaban el poder de las piedras y los cristales en infinidad de formas y con distintos objetivos. Hoy en día, en nuestra tecnología moderna, los cristales también los usamos para transmitir y amplificar energías con métodos más avanzados y seguros. Cristales de rubí, tanto naturales como hechos por el hombre, se usan en los rayos láser, en la cirugía microscópica; se extraen cada año de las minas, luego son triturados para ser utilizados en distintos campos científicos. El cristal de cuarzo se usa en relojes, radios, computadoras, televisores y equipos de telecomunicación.

Son dos las mejores cualidades técnicas del cuarzo; sus efectos piezoeléctricos y su capacidad de memoria, la cual es evidente en los pedacitos de silicio usados en las computadoras. Recientemente se ha descubierto que si una hojuela de cristal se comprime mecánicamente, ésta emite una corriente eléctrica. Por otra parte, si una corriente eléctrica es aplicada a un pedazo de cuarzo de un tamaño determinado, el resultado es una oscilación o frecuencia vibracional invariable.

En la década de los 40, investigadores científicos descubrieron que añadiendo átomos de otras sustancias a un cristal de cuarzo se creaba un aparato de transmisión. Esta forma de transmisión fue utilizada en la radio para ampliar sus señales eléctricas, las cuales al ser recibidas por un cristal piezoeléctrico crearon el sonido. La invención de este aparato eliminó el uso de los tubos en la radio. El transmisor abrió las puertas a la telecomunicación moderna.

Por muchos años todo tipo de información o sonido, incluyendo la voz humana, tenía que ser convertida en una onda eléctrica llamada análoga antes de ser transmitida. En los últimos veinte años, el transmisor evolucionó hasta conocerse como tecnología de computadoras digitales. Hoy en día toda información o sonido se convierte al lenguaje de la computadora a través de ciertos códigos. Esto permite que la transmisión sea exacta y fiel al sonido. Todo esto ha sido posible a través de pedacitos de silicio hechos de cuarzo, los cuales tienen la capacidad de archivar, recibir y transmitir información. Estos pedacitos de silicio son semiconductores o circuitos integrados capaces de transformar una onda eléctrica de análoga a digital y de digital a análoga, llevando la información deseada a cualquier tipo de recibidor. Sin el cuarzo no tendríamos computadoras, equipos electrónicos, hornos de microondas, cajas registradoras electrónicas, igniciones electrónicas de autos y muchos otros artefactos que nos hacen la vida mucho más fácil. Y éste es sólo el comienzo.

Pero los cristales tienen otros usos de tanta, o tal vez de mayor, importancia como la que se les da en la tecnología. Uno de estos usos es el de la expansión de la conciencia humana y la exploración de los recesos interiores de la mente.

En su gran mayoría la humanidad ha estado durante siglos limitada a un mundo tridimensional. Hasta el siglo XIX la existencia de conseguir alimento, albergue y ropa para el individuo y su prole. La expansión mental sólo estaba al alcance de aquellos que no tenían que preocuparse por sus más básicas necesidades. Físicamente, el siglo XX ha progresado de una era agraria e industrial al mundo revolucionario de la tecnología moderna. Espiritualmente, la llamada Nueva Era nos trae el despertar de nuestros talentos y habilidades psíquicas, incitándonos a un desarrollo mental y espiritual. Debido a las exigencias de nuestras sociedades modernas, de las tensiones, del deseo de adquirir posesiones materiales, de la desintegración de relaciones y uniones y la falta de espacio personal, muchas personas se sienten motivadas a buscar dentro de su propio yo el santuario interno de una conciencia alerta.

Casi todos nosotros sabemos lo que significa la palabra conciencia o consciente. Casi todos estamos conscientes de todo lo que rodea a nuestro cuerpo y de todas las actividades a nuestro alrededor. La palabra alerta significa estar atento, perceptivo, sensitivo y a tono con nuestro yo interno. Estar conscientemente alerta indica la posesión de una sensitividad especial a todas nuestras condiciones tanto externas como internas. Es el conocimiento, a la vez que el reconocimiento, de nuestros estados consciente y subconsciente. La mayor parte de los conflictos que una persona enfrenta en su vida son debidos a una barrera entre estos dos estados, los cuales son tan diferentes entre sí como la noche y el día. El subconsciente con su yo intuitivo es considerado ilógico e irracional por nuestra sociedad, mientras que el estado consciente mental es socialmente aceptable. Debido a este juicio social, la mayor parte de las personas reprimen sus facultades intuitivas y escuchan sólo la voz de la razón y la lógica. Pero el subconsciente humano tiene una extraordinaria capacidad para prever, avisar y guiarnos en nuestras decisiones y acciones cotidianas. Esta capacidad está dormida debido a la represión a la que ha sido sometido nuestro subconsciente. Muchos investigadores creen que los cristales nos pueden ayudar a liberar las áreas de la mente que nos permiten obtener un balance entre el estado consciente y subconsciente. Entre las funciones múltiples que pueden ejercer los cristales están la interpretación de los sueños, la telepatía, el enfoque poderoso de la mente, la curación de enfermedades, la eliminación de energías negativas y la armonía interna y externa del individuo.

11

LOS MINERALES QUE MÁS SE USAN EN GEMOTERAPIA Y SUS CARACTERÍSTICAS

ADULARIA

Características físico-químicas

Es una variedad de feldespato (silicato múltiple de aluminio, potasio, sodio y calcio) transparente y, por lo general incoloro cristalizado en el sistema monoclínico, birrefringente y bixial. Posee una escasa dureza por lo que no permite un pulido acabado, lo que hace que no alcance una cotización importante en el mercado de las joyas, porque, además, se raya con mucha facilidad. Los yacimientos más importantes se encuentran en Sri Lanka, Australia, Estados Unidos, Brasil y Colombia, también en los Alpes tiroleses junto a la selenita donde se encuentra gran cantidad de ella, siendo consideradas como las de mayor calidad. El fenómeno óptico que presenta este mineral, es el que ha dado origen a su nombre (adularescencia). Consiste en una serie de reflejos nacarados de efecto lunar que le valió su nombre. Este efecto únicamente se aprecia cuando los rayos de luz pasan en cierto ángulo a través del plano de clivaje, por lo general, la adularia sólo se puede tallar en forma de cabujones redondos, salvo algunas excepciones.

Su origen y proyección histórica

Entre los autores antiguos no existe correspondencia de esta piedra, quizás porque al parecer ha sido esquiva con el hombre hasta hace relativamente poco tiempo; Plinio la menciona como *Asteria* y dice de ella que: «trasluce en un brillo de miel, la imagen de la luna, es una joya recubierta de una extraña pátina plateada, en la que Selene muestra su hermoso cuerpo creciente o menguante». Autores griegos la asimilan a la mítica *Astrio,* o *Astrobón* que concedía el don de la belleza a la mujer que la llevaba. Más adelante en el siglo XVI el nombre de adularia, según se ha podido comprobar en textos de la época, designaba a una gema que, cuando el Sol estaba en conjunción con la Luna, justo en novilunio, le aparecía un diminuto grano oscuro en la parte superior de la piedra que, según pasaban los días se hacía más grande y brillante, corriéndose hacia abajo, de forma igual a la Luna creciente. Cuando el grano llegaba al centro de la curvatura era redondo y de un brillo plateado, igual que la Luna en plenilunio; a partir de ahí iba decreciendo en forma de cuarto menguante.

Propiedades terapéuticas físicas, psíquicas y emocionales

Al estar vinculada con la Luna, su carácter es netamente femenino y acuático, lo que facilita todo lo relacionado con la meditación, el sueño, la memoria y los poderes de telepatía y clarividencia.

Lo mismo que la perla, la adularia serena las reacciones emotivas violentas, lo que nos permite alcanzar planos más elevados de la realidad, incorporándolo a nuestra conciencia, en el subconsciente, forma una excelente combinación con la malaquita, ya que ésta elimina los bloqueos provocados por esquemas anacrónicos y la adularia calma los estados emocionales que emergen del proceso de la cura.

Recomendada especialmente para la meditación de las personas apocadas o temerosas, que buscan con ansiedad un desarrollo armónico entre el cuerpo físico y los cuerpos sutiles, usándola primordialmente en los chakras base y plexo solar.

ÁGATA

Características físico-químicas

Es un compuesto de bióxido de silicio y dentro del mismo compuesto entran otros minerales, como manganeso, magnesio, selenio, titanio y otros, que le proporcionan las diversas tonalidades y vetas, entre blanco, crema, naranja, marrón, verde, azul, etc. Exteriormente suele ser por lo general de color amarronado, con la forma redondeada clásica de los cantos rodados, debido a la acción de las aguas de los ríos aluvionales en cuyo lecho se encuentran.

Existe una gran diversidad de ágatas y cada una presta un gran servicio dentro de toda clase de magia, como puedes ver en la siguiente relación:

Ágata con Bandas: (Energía: Proyectiva; Elemento: Fuego). Protección. Restituye la energía del cuerpo y alivia las situaciones difíciles.

Ágata Negra: (Energía: Proyectiva; Elemento: Fuego). Otra piedra protectora. Se usa para el coraje y las competencias exitosas.

Ágata Blanca y Negra: (Energía: Receptiva; Elemento: Tierra). Llevada como amuleto. Esta piedra protege contra los peligros físicos.

Ágata de Encaje Azul: (Energía: Receptiva; Elemento: Agua). Se usa o se lleva para la paz y la felicidad. Colóquesela en la mano para deshacerse de la tensión. Ponga una sobre su escritorio u otro sitio de trabajo y mírela cuando se encuentre en situaciones difíciles. En la casa, un ágata de encaje azul rodeada de velas encendidas de color azul pálido calma la atmósfera psíquica y reduce las peleas familiares.

Ágata Parda o Tostada: (Energía: Proyectiva; Elemento: Fuego). Una vez, fue usada por los guerreros para lograr la victoria en las batallas. En la actualidad el ágata parda se usa para triunfar en cualquier empresa. En Italia y Persia se la apreciaba como una protección contra el mal de ojo. También es un talismán para la riqueza.

Ágata Verde: (Energía: Proyectiva, Elemento: Tierra). Se usa para mejorar la salud de los ojos. En el pasado, una mujer que tomaba el agua en la que se lavaba el ágata verde era protegida mágicamente contra la esterilidad.

Ágata Musgosa: (Energía: Receptiva, Elemento: Tierra). Debido a sus curiosas marcas, que sugieren el musgo de los árboles. El ágata musgosa es el talismán especial del jardinero. Se usa para aliviar la tortícolis, para transmitir energía a los disminuidos y con propósitos curativos. También se usa en los conjuros que tengan que ver con las riquezas, la felicidad y la vida larga. Lleve esta piedra hasta hacer nuevos amigos y para descubrir el «tesoro».

Ágata Roja: (Energía: Receptiva, Elemento: Fuego). También conocida como «Ágata de Sangre». Esta piedra se usaba en la Roma antigua como protección contra las picaduras de insectos, para curar la sangre y para fomentar la tranquilidad y la paz.

Las regiones de mayor producción se concentran en la Mesopotamia argentina y la zona análoga del Uruguay, el Río Grande en EE.UU. y, México y el Deccan, en la India.

Origen y proyección histórica

Si bien el ágata era ya conocida hace más de 5.000 años por los asirios, caldeos, fenicios y sumerios, que la tallaban con fines ornamentales, su nombre parece ser más moderno, ya que se le atribuye a un lapidador siciliano, especializado en estas piedras, que las recogía en los márgenes de un torrentoso río de Silicia, llamado Achates, cuyo lecho estaba cubierto de ellas.

La minerología moderna, sin embargo, ha ido incorporando a la familia de las ágatas muchos otros minerales antes clasificados en forma independiente y, así los nombres se han hecho compuestos como, ágata/crisopraso, ágata musgo (SiO_2 con inclusiones de cobre), ágata dendrítica (SiO_2 + manganeso, en forma estrellada), ágata con cuarzo (geodas o drusas de ágata con cristales de cuarzo en su interior), ágata/cornalina y otras. Para los representantes de esta familia cuyas vetas resaltan más por la diferencia cromática, se han reservado las denominaciones de ónice y sardoónice.

Hace ya más de cincuenta siglos, en la época cumbre de la civilización egipcia, sus artesanos tallaban en ágata los escarabajos rituales llamados *schebo,* para uso religioso de los sacerdotes y ornamental de los miembros de la corte del faraón. También los hebreos apreciaban mucho sus características, hasta el punto de que una de las más antiguas esculturas de ágata conocidas era la de Hobal, ídolo de ese origen hecho, destrozada por Mahoma en nombre de Alá.

En general, el ágata se utiliza en conjuros y rituales mágicos que tengan que ver con la fuerza, el coraje, la longevidad, etc.

Si la usa en el brazo o la lleva mientras se practica jardinería, el ágata aumenta la fertilidad de sus plantas y asegura una cosecha abundante o flores saludables. Se creía que el ágata musgosa (ver más abajo) era lo mejor para ello. Las ágatas cargadas se pueden «plantar» en el jardín para fomentar la abundancia y las ágatas pequeñas que se cuelgan en los árboles aumentan sus frutos.

En la Roma antigua, un ágata usada en un anillo en la mano o alrededor del brazo izquierdo aseguraba el favor de las deidades vegetativas, que hacían que la Tierra fuera fructífera.

El ágata, piedra muchas veces usada en los conjuros de amor, también se lleva para impedir pensamientos envidiosos y para desterrar el despecho; en otras palabras, para volver a quien la usa amable y agradable. No hay sitio para el despecho en la búsqueda del amor.

También se usa como un amuleto de la verdad, para asegurar que sus palabras sean puras y también para asegurarse favores de personas poderosas.

Las joyas con ágatas se dan a los niños para que las usen como amuletos protectores. Se cree que el ágata es particularmente útil para impedir que los niños se caigan y los adultos también las usan para evitar tropiezos.

Un ágata que se sostiene en la boca, alivia la sed. Alguna vez se usó para reducir fiebres aplicándola en la frente. En la mano, el ágata calma y refresca el cuerpo y lo ayuda a curar problemas menores de salud.

Las ágatas eran talismanes populares en el Medio Oriente para asegurar el estado saludable de la sangre. En la antigua Gran Bretaña, se usaban como protección contra las enfermedades de la piel. Las ágatas de forma triangular se utilizaban en Siria para prevenir problemas intestinales.

En la magia ceremonial, en las ágatas se grababan serpientes u hombres montados sobre serpientes. Llevada como amuleto, esta joya mágica impedía las picaduras de los insectos y las mordeduras de víboras y serpientes.

A veces el ágata se usaba en conjuros y rituales de protección y alguna vez se creyó que era una protección soberana contra la hechicería, los demonios y la posesión perversa.

En Asia, las ágatas, se usaban casi como el cristal de cuarzo de la actualidad. Para asegurar los rumbos futuros, el adivino del porvenir observaba las marcas de la piedra, permitiendo que la mente profunda proyectara sus impulsos psíquicos a la mente consciente.

Para griegos y romanos, el ágata era la piedra de Hermes/Mercurio y se utilizaba para pedir a los dioses la fertilización de la tierra.

Luego de un período de oscuridad, los alquimistas de la Edad Media hicieron resurgir los valores del ágata, adjudicándole a sus distintas tonalidades diferentes poderes y virtudes. Así, para ellos, las ágatas oscuras con vetas blancas proporcionaban valor, alejaban el peligro y defendían de los ataques malignos a quienes las usaban; si las vetas centrales se cerraban en forma de óvalo o círculo, protegían del mal de ojo y la epilepsia. El ágata arborescente (hoy conocida como ágata musgo) alejaba las serpientes y los escorpiones y, pulverizada y disuelta en vino o hidromiel, contrarrestaba los efectos del veneno y desinfectaba úlceras y llagas. Las ágatas rosas, por su parte, eran el emblema de la serenidad, la paz y la calina, y llevadas un tiempo sobre el regazo femenino, aumentaban la fertilidad y aseguraban descendientes varones.

Propiedades terapéuticas físicas, psíquicas y emocionales

Constituye un excelente regulador para el sistema circulatorio y el inmunológico, combatiendo resfríos, asma y alergias; calma, relaja y equilibra el sistema neurovegetativo; restaura el organismo a su temperatura normal, especialmente en casos de fiebres muy altas; combate la diabetes. En el aspecto psico-emocional aleja el temor y la autorrepresión y alienta la creatividad y la espiritualidad. Resulta ideal para toda persona conectada con actividades artísticas, como poetas, músicos, dibujantes, pintores, escultores, artesanos, etc., pero también puede rendir óptimos resultados en estudiantes a punto de tener un examen o, cuando debemos enfrentarnos a una decisión difícil, ya que promueve la autoestima, a la vez que nos faculta para encontrar el camino correcto y enfrentar las circunstancias. Su disposición terapéutica sobre los chakras debe coincidir con su color preponderante.

AGUAMARINA

Características físico-químicas

El aguamarina, variedad semipreciosa del berilo, es de un pálido color azul verdoso y ha estado asociada desde hace mucho tiempo con el mar y con el elemento Agua. Las hechiceras del mar limpian la piedra en el agua del océano de noche, bajo la Luna llena. Para hacer lo mismo lejos de la costa, llene de agua una vasija azul, añada sal marina y deje que la piedra se asiente en esta mezcla durante la noche.

En magia, esta bella piedra se usa o se lleva para aumentar la utilización de los poderes psíquicos. Sostener un cristal de la piedra o usar un aguamarina facetada alrededor del cuello, reduce el dominio de nuestra mente consciente sobre la mente psíquica y permite que los siempre presentes impulsos psíquicos sean oídos y entren en nuestra conciencia.

Se puede hacer una suave disolución de limpieza colocando un aguamarina en un vaso de agua dulce. Deje que se asiente bajo la luna llena, al aire libre si es posible, durante tres horas. Retire la piedra y beba el líquido para lograr una purificación y mayor conciencia psíquica.

El aguamarina se usa, como la amatista, para calmar y mitigar los problemas emocionales. Es una piedra de paz, alegría y felicidad, especialmente en las relaciones. Las aguamarinas intercambiadas por las parejas ayudan a suavizar el camino de sus interacciones y, es un regalo mágico muy apropiado para que un novio lo ofrezca a su novia el día de su boda.

El aguamarina se usa o se lleva como un amuleto protector cuando se navega o se vuela sobre agua. Al hacer las maletas para un viaje por agua, ya sea un crucero por un río o un viaje a través del océano Pacífico, ponga un aguamarina en su maleta para protegerse de las tormentas. Los pescadores y navegantes la han convertido, desde hace tiempo, en su amuleto especial contra el peligro.

Los puntos de localización de los yacimientos más grandes de este mineral (un bióxido doble de silicio y aluminio) se encuentran en las zonas alpinas de Italia y Suiza y en la isla de Elba, aunque los ejemplares más cotizados se encuentran en los Urales, en forma de geodas. También se explotan distintas variedades de berilos en Brasil, El Salvador, Guatemala y Venezuela, en América y otros, menos importantes en calidad y cantidad, en Australia (Queensland), E.E.U.U. (en las montañas Rocosas), India (Rajnipur) y la isla de Madagascar.

Como todo representante de la familia de los berilos nobles, se encuentra en el interior de las rocas pegmáticas (granitos de origen volcánico), en forma de filones y asociada con otras piedras utilizadas en joyería. Sin embargo, y a pesar de su hermosa apariencia cristalina de color celeste o verdoso, no alcanza precios elevados en joyería, ya que sus cristales llegan a pesos de hasta varios kilogramos y, sin defectos apreciables.

Origen y proyección histórica

El aguamarina aparece mencionada repetidas veces en los Vedas, los cuatro libros sagrados de la India, especialmente en la Ayurveda, el tratado de medicina. En él se la señala como un eficaz remedio contra las infecciones, tanto internas como externas y se recomienda su aplicación molida en forma de cataplasma o ingerida en una mezcla de miel y ghee (manteca de leche caliente de búfalo).

También se la menciona en las antiguas tradiciones como una de las gemas integrantes del pectoral de Aarón, el primer Sumo Sacerdote de los hebreos, flanqueando ágata, en la séptima posición.

Más cerca ya de nuestra época, el aguamarina conoció su período, quizás, de mayor auge en la corte de los Borgia, donde se utilizaba para el tallado de las tristemente célebres copas utilizadas por la familia.

Propiedades terapéuticas físicas, psíquicas y emocionales

Como todos los berilos, el aguamarina resulta sumamente eficaz contra las quemaduras, llagas, úlceras, golondrinos y todo tipo de heridas supurantes; también alivia jaquecas y cefalalgias y calma los espasmos, convulsiones y calambres de origen nervioso. En la faz emocional, brinda protección y apoyo al viajero nostálgico, ya que es la piedra sedante y armonizadora por excelencia. Facilita el diálogo entre personas distanciadas entre sí y, promueve la reconciliación de aquellas afectadas por una discusión o rencilla familiar. Al igual que el ágata rosa (y especialmente complementada por ella), resulta ideal para personas a punto de tomar una decisión o enfrentar un hecho conflictivo, como comparecer frente a un tribunal o rendir un exámen. Según sus tonos, concilia bien con los chakras laríngeo y del plexo solar.

AMATISTA

Cuarzo púrpura, es una piedra empapada en la magia antigua. Es, quizá, tan popular hoy en día como lo fue hace dos mil años.

Colocada debajo de la almohada o usada en la cama, la amatista aleja el insomnio y las pesadillas. Produce un sueño pacífico y sueños agradables, curativos y hasta proféticos. Sin embargo, también asegura que quien la usa no se quede dormido.

Piedra espiritual con absolutamente ningún efecto colateral o asociaciones con la violencia, la ira o la pasión, la amatista es la piedra de la paz. Cuando las tensiones de la vida cotidiana desbordan en su interior, sostenga una amatista en su mano izquierda (o en la derecha si es zurdo). Deje que sus vibraciones calmantes, destensionantes, relajantes y pacíficas lo invadan, O mejor aún, use una amatista de manera que le toque la piel y, podrá evitar así estos estados emocionales tan perturbadores.

La amatista calma los miedos, eleva las esperanzas, levanta el espíritu y fomenta pensamientos de la realidad espiritual detrás de nuestras vidas. Usarla significa alejar la culpa y el autoengaño, ayuda a superar adicciones como el alcoholismo, pone freno al exceso de indulgencia y otorga buen juicio. La amatista calma las tormentas emocionales. Aun en situaciones de posible peligro, la amatista acudirá en su ayuda.

Características físico-químicas

Los yacimientos de amatista pueden cristalizar en dos formas:

1. En el hueco interno de geodas oblongas de ágata y otras rocas eruptivas, que pueden alcanzar tamaños considerables y que se encuentran depositadas en los lechos de ríos aluvionales.
2. En el interior de rocas metamórficas y graníticas.

En ambos casos son difíciles de detectar, excepto por una rotura de la geoda o una grieta o hendidura en la roca sólida. En cuanto a su composición, se trata de un silicato de hierro y manganeso, de un color violáceo, que se hace más oscuro a medida que aumenta la proporción de este último componente. El valor de la piedra como gema se incrementa con el color y la ausencia de fracturas, pero aún así no llega a cotizarse muy alto, debido a su relativa abundancia, a pesar de su hermoso color y la variedad de tonalidades que ofrece. Los yacimientos de extracción se forman por la fractura y desmoronamiento de los yacimientos primigenios, con lo cual los detritos son arrastrados por los sistemas aluvionales hacia los lechos de los ríos. Un ejemplo clásico son los ríos Mahawelli y Dehiwala, en Sri Lanka, de donde se extraen las mejores amatistas; en menor grado de calidad, aunque con mayor producción, se encuentran los ríos de los E.E.U.U., México, Brasil, Argentina, Uruguay y Paraguay, en América, España, Alemania, Rusia, Hungría, Suiza y Francia, en Europa, India y Nepal en Asia y Sudáfrica y Madagascar en el continente africano.

Origen y proyección histórica

El vocablo amatista proviene del término *amethistus,* y éste a su vez del griego *améthystos,* integrado por el privativo *a,* y *methyo* (embriagarse). De esta forma, el nombre sugiere la propiedad de la amatista de liberar a los beodos de sus vapores etílicos.

A este respecto, es interesante la leyenda a que recurre Aristóteles para relacionar el nombre de la amatista con sus propiedades antietílicas. Según su versión, Dionisos, dios del vino, intentó poseer por la fuerza a la ninfa Anietis, quien había estado coqueteando con él durante una de las orgías dionisiacas. Cuando el dios, ebrio, estaba a punto de satisfacer violentamente sus deseos, Anietis pidió a Artemisa que la salvara y, la diosa, apiadándose de ella, la transformó en una joya entre las manos de Dionisos. Arrepentido de su arrebato, el dios otorgó a la joya del color púrpura del vino y le concedió la propiedad de mitigar los efectos perniciosos del alcohol y de conservar la castidad, como desagravio al recuerdo de su amada Anietis.

La difusión de esta leyenda creada por Aristóteles hizo que la amatista se popularizara entre las familias de alcurnia, cuyas mujeres comenzaron a utilizar adornos de ese cristal como prueba de mesura y los hombres copas de amatista, generalmente con la efigie de Dionisos tallada en ellas.

También la religión católica adoptó la amatista en muchos de sus ritos tradicionales: la costumbre hizo que el anillo de compromiso que el carpintero José ofreció a María llevara una amatista, como símbolo de pureza y castidad; los anillos de los obispos también poseen una amatista, representando la modestia que debe caracterizar a todo ministro de la Iglesia; finalmente, ésa fue la piedra adjudicada a San Marcos, paradigma de la humildad y la morigeración.

Los egipcios consagraron la amatista a Toth, dios lunar supremo, y utilizaban cuchillos de esa piedra para las intervenciones previas a las momificaciones de sus muertos sagrados. Los ojos de una de las máscaras del sarcófago de Tutankamón estaban tallados en dos amatistas de tono casi negro, de tamaño realmente notable.

La amatista también brinda coraje a quien la usa y es un poderoso amuleto para los viajeros. Quien la usa está protegido contra los ladrones, el daño, la enfermedad y el peligro.

En la magia renacentista, las amatistas grabadas con la imagen de un oso se usaban como amuletos protectores. En épocas grecoromanas, los anillos de amatista engarzados en bronce se usaban como amuletos contra el mal y, las copas mágicas esculpidas en la materia desterraban el dolor y el mal de todos los que de ella bebían.

La amatista fue una piedra apreciada por los mayas y aztecas, que han dejado muestras de ello en casi todas sus construcciones, en forma de tallas e incrustaciones en los muros, casi siempre con fines religiosos. Es curioso que estas gemas hayan sobrevivido al pillaje de los colonizadores españoles, pero quizás se deba al escaso valor de la piedra en relación con su peso, o a la ignorancia de los soldados.

La amatista también se usa para aumentar la conciencia psíquica y para agudizar el «sexto sentido». Algunos tienen una amatista junto con sus naipes de tarot, sus tallos de milenrama o monedas de I Ching, o sus piedras Mágicas para aumentar sus energías interiores. Naturalmente, se usa durante sesiones psíquicas o adivinatorias. Como también es una piedra de sabiduría, permite que la información recibida a través de la mente psíquica sea utilizada adecuadamente.

Esta bella piedra también agudiza la mente consciente, estimulando el ingenio y aumentando los poderes mentales. Se utiliza para mejorar la memoria, para aliviar las jaquecas y para mantener los pensamientos de acuerdo con los objetivos de la vida.

Piedra de amor puro y verdaderamente emocional, muchas veces los amantes se las intercambian para fortalecer su compromiso. Una mujer regaló a un hombre una amatista tallada en forma de corazón y engarzada en plata para asegurar su amor.

La amatista es también una de las pocas piedras específicamente prescritas para los hombres para atraer a las mujeres. Cuando un hombre la usa, la piedra hace que lo amen «buenas mujeres».

Aunque muchas veces se piensa que es una piedra de castidad, esta atribución data de siglos pasados, cuando el amor ideal era «platónico». Hoy en día, cuando cada vez más personas ven el sexo como un aspecto natural de una relación sana y monógama, esta idea lentamente se está desvaneciendo de la memoria de la gente.

Aquellos envueltos en juicios legales usan la amatista para asegurarse de que se haga el bien. También se utiliza en la magia para la prosperidad y hace mucho que se cree que trae el éxito a los negocios, quizá porque Júpiter la gobierna.

Hace veinte años, la amatista se humedecía con saliva y se refregaba en el rostro para hacer desaparecer los granos y la piel áspera. En la actualidad, se usa en conjuros destinados a aumentar la belleza.

Propiedades terapéuticas físicas, psíquicas y emocionales

Las antiguas farmacopeas y, por extensión, la actual cristaloterapia, utiliza la amatista contra las neuralgias, en el aspecto físico, y las neurosis y neurastenia en la faz psicológica. Utilizada en la forma apropiada, la amatista protege el cerebro durante los esfuerzos prolongados, lo que la hace ideal para ser utilizada por estudiantes en épocas previas a los exámenes, o diseñadores, ingenieros y arquitectos durante trabajos que exijan gran concentración.

Aplicada en forma consecuente, la amatista cura el bocio, la taquicardia y las inflamaciones del bazo, activando rápidamente el sistema inmunológico.

Empleada en el hogar, la amatista depura, aclara y armoniza el ambiente familiar, eliminando los desechos energéticos nocivos y, aportando sus propias energías positivas. Sirve de protección múltiple, ya que no permite la instalación de estados de pesar, angustia o injusticia; favorece el crecimiento de las plantas y la salud de los animales domésticos; protege contra las desavenencias matrimoniales, asegurando una convivencia serena y justa y, preserva la casa de intrusiones ajenas, así como de tempestades y enfermedades.

La amatista controla y regula el sistema circulatorio normalizando la presión sanguínea, calma los nervios, elimina los factores de dislexia, retarda el envejecimiento y disminuye notablemente los estragos provocados por la bulimia y la anorexia.

Dado su color violeta, la amatista es la gema indicada para el chakra pineal, sobre el que puede usarse un cristal o una drusa con los cristales hacia la frente.

ÁMBAR

Características físico-químicas

Ante todo, es preciso aclarar que no se trata exactamente de un mineral y, mucho menos de un cristal, sino de una resina de una conífera prehistórica, la *pinitas succinífera* (período oligocénico, en los comienzos de la era terciaria) fosilizada por el paso de millones de años desde su solidificación. Por lo tanto, su composición es orgánica y, como tal, integrada por distintas proporciones de carbono, hidrógeno, oxigeno y nitrógeno. Sin embargo, su utilidad en cristaloterapia, junto a su hermoso color dorado (el término *ambarino* proviene de su nombre) justifica su inclusión entre los cristales y las piedras preciosas.

El carbono y el oxigeno de su composición hacen que el ámbar se queme con facilidad si se lo acerca al fuego, despidiendo un aroma suave, muy usado en aromaterapia. En presencia de temperaturas más elevadas, se descompone en ácido succínico, agua, y aceite esencial, responsable del aroma. Es muy conocido el hecho de que al frotarlo con un paño seco se carga con un potencial eléctrico positivo, que le permite atraer pequeños trozos de papel y, hasta crepitar si se lo apoya sobre la piel.

Con respecto a su forma, el ámbar no es un material cristalino y, por lo tanto no tiene forma definida como podría tenerla un cristal, sino que reproduce la forma adoptada por la gota de resina en el momento de surgir del árbol y solidificarse, incluso en muchos trozos de ámbar pueden encontrarse insectos perfectamente conservados, que quedaron adheridos a él y se fosilizaron conjuntamente.

Desafortunadamente (¿o quizás deberíamos decir felizmente?), la mayoría de los yacimientos de ámbar son prácticamente inaccesibles al hombre, ya que la mayoría de las selvas del período geológico en cuestión se encuentran bajo la superficie del mar, a muchos metros de profundidad. Por lo tanto, las únicas piezas de este tipo a que se tiene acceso son las que llegan a las playas, arrancadas de sus emplazamientos y arrastradas por la resaca. Sin embargo, también existen yacimientos terrestres, lo que hace que en la actualidad sólo un mínimo porcentaje del ámbar comercializado provenga de los litorales marítimos. La mayor parte se extrae de yacimientos subterráneos como los de Palmnicken, a orillas del mar Báltico, los de Rumania, Canadá, Birmania y, los de Bolonia y Catania, en Italia, aunque estos últimos son de inferior calidad.

Origen y proyección histórica

El término *ámbar* emana del vocablo árabe *anbar,* que a su vez equivale al electrón de los griegos. Este término fue acuñado en realidad por Tales de Mileto, el matemático griego que observó por primera vez las potencialidades electrostáticas y electromagnéticas del material, propiedades que ayudaron a consolidar las leyendas sobre sus poderes mágicos.

Contemporáneo de Tales, Plinio menciona repetidas veces en sus escritos el ámbar, como proveniente de las islas Frigias, donde lo hallaban en todas partes. Ya los romanos conocían los yacimientos de ámbar del Báltico, especialmente los de las penínsulas de Shtamland y Turku, en Rusia y Finlandia, respectivamente. Los griegos lo consagraron a Zeus, su máxima deidad, y lo utilizaban como incienso para ser quemado en las ceremonias religiosas; al mismo fin se lo destinó en China y Mongolia, donde se quemaba en honor a los antepasados.

Según las antiguas sagas celtas, el Viejo Agmar, Maestro de Maestros, arrastraba trás de sí una multitud de alumnos unidos por las orejas con una cadena de ámbar, en señal de la unión espiritual entre amigos, maestros y discípulos.

Su brillo áureo cautivó al emperador Nerón, quien lo utilizaba como adornos públicos durante las grandes fiestas de los Idus de marzo, además de abusar de él como ornamento personal.

En la actualidad, luego de cierto período de opacidad de su fama durante la Edad Media, donde prácticamente sólo se lo utilizó para las preparaciones de los alquimistas, el ámbar recuperó su condición de gema semipreciosa, empleándose frecuentemente en alhajas, objetos para fumadores (boquillas y pipas) e industrialmente en la fabricación de barnices y productos medicinales.

Propiedades terapéuticas físicas, psíquicas y emocionales

En la faz curativa, el ámbar resulta especialmente indicado para los niños, a quienes protege contra los dolores dentales, como así también contra la caries, piorrea, gingivitis, cólicos hepáticos y renales y problemas del aparato digestivo y urinario. En los mayores, se utiliza en el tratamiento del bocio, la erisipela, parálisis parciales, epilepsia y convulsiones. También es un excelente preventivo general, ya que aleja las energías negativas, especialmente las que puedan afectar la estabilidad entre los cuatro cuerpos y armoniza el Ying y Yang. En el aspecto emotivo, corrige las manifestaciones más drásticas de desequilibrios emocionales, como las depresiones crónicas y las tendencias suicidas.

El color oro-dorado del ámbar lo hace especialmente indicado para ser aplicado sobre el chakra umbilical, especialmente en combinaciones con ojos de tigre o citrinos oscuros.

AZABACHE

Características físico-químicas

Al igual que el ámbar, el azabache también conocido como «piedra de madera» no es un mineral propiamente dicho ni mucho menos un cristal. Se trata de trozos de madera de otra conífera terciaria, la *pinitas caustifolia,* petrificadas por el paso del tiempo. A diferencia de la mayoría de las piedras utilizadas en cristaloterapia, el azabache es totalmente negro y opaco y no conduce ni canaliza las energías primarias como los cristales.

Origen y proyección histórica

Los antiguos conocían al azabache con el nombre de *gagates,* ya que, según Plinio, fue observado por primera vez a orillas del Gagis, un río cercano a la legendaria ciudad de Patara, en la comarca de Licia, en el Asia Menor.

No muy difundido en la antigüedad, su uso se limitaba a aliviar dolores, ya fuera molido, diluido en miel o hidromiel e ingerido oralmente o colocado en las manos de las parturientas para aliviar los dolores del parto. También se empleaba pulverizado y mezclado con cera de abejas, para aplicar como cataplasma sobre las heridas, llagas, úlceras y furúnculos, como así también sobre los ojos en casos de cataratas, glaucoma y otras afecciones oculares.

Propiedades terapéuticas físicas, psíquicas y emocionales

En la actualidad, la cristaloterapia lo emplea para mitigar los dolores, como en el caso de los calambres, ciática, reuma, tendiditis, artrosis y otras alergias.

El color negro y opaco del azabache lo convierte en una piedra de serenidad y meditación, que proporciona consuelo y sabiduría a aquellas personas que ya han recorrido gran parte de su camino en la vida. También lo asocia directamente con el chakra base, donde radica el centro de la experiencia vital.

AZURITA

Características físico-químicas

También conocida como malaquita azul, aunque en realidad sólo se le parece en el diseño de sus líneas, ya que su composición química difiere completamente. La azurita es un bicarbonato de cobre, con inclusiones de cobalto y litio, que le proporcionan las vetas que lo caracterizan. Al igual que la fluorita, su estructura puede ser cristalina o amorfa, según se haya formado por cristalización o por un proceso metamórfico.

Su morfología exterior engaña con frecuencia a los buscadores inexpertos, ya que presenta una apariencia azul grisácea y tosca, muy alejada de la forma que adopta cuando se la pule o talla. Sus estrías, que van desde el blanco hasta el azul oscuro, pueden ser cerradas en forma de círculos u óvalos concéntricos o, longitudinales, curvos o rectos, según haya sido su génesis y las fracturas posteriores.

La azurita no es una piedra demasiado usada en ornamentación o joyería, debido a la escasez de gemas de calidad y, su aplicación se centra principalmente en la fabricación de tintes y pinturas. Los yacimientos más conocidos se encuentran en Europa Central y las laderas occidentales de los Urales.

Origen y proyección histórica

En el antiguo Egipto la azurita era una piedra muy buscada, ya que en una región árida y desierta, de tonalidades casi exclusivamente en la gama de los ocres y los amarillos, su vibrante color azul oscuro destacaba violentamente del entorno. Por otra parte, la otra piedra de tono similar, el lapislázuli, está circunscripta a las familias reales, que podían costear los largos viajes que insumía su traslado.

En la Italia renacentista, la azurita vino a llenar un espacio importante en las paletas de los pintores menos famosos, que no podían darse el lujo de comprar el costoso pigmento para preparar el «azul ultramar» (laspislázuli), y debían conformarse con el más humilde «azul de Prusia», al que, adicionándole otros pigmentos, se convertían en un aceptable sustituto del primero.

Propiedades terapéuticas físicas, psíquicas y emocionales

El uso de la azurita durante las sesiones de terapia emocional, ayuda a relajar las tensiones y bloqueos, circunstancia que se pone aún más de manifiesto en los casos de estrés por problemas laborales o familiares.

Asociada por su color chakra laríngeo, es una de las principales gemas de la expresión y su inmensa potencialidad cósmica puede llegar a regenerar partes gravemente dañadas, tanto en el cuerpo físico como en el mental y el emocional. Algunos autores la reconocen como la piedra más plena para la adquisición de conocimiento y sabiduría. La azurita es quizás el cristal más representativo de la Nueva Era de Acuario, ya que en un momento en que el hombre se ve abocado a replantear terminantemente todos sus dogmas y esquemas caducos de la antigua era, la malaquita azul es la piedra indicada para guiarlo en su camino, aclarando su discernimiento y ayudándolo a encontrar su rumbo hacia la conciencia universal.

Su asociación con su homónima verde genera una energía empática altamente efectiva en la absorción de vibraciones negativas y energías nocivas.

Durante la meditación, la azurita puede utilizarse sobre el chakra laríngeo y el pineal simultáneamente, obteniendo de este modo una visión mucho más clara y vívida de nuestras emociones pasadas y permitiendo su expresión y comunicación hacia los niveles exteriores.

BERILO

Características físico-químicas

Existen muchas variedades de berilo con distintos componentes asociados (óxidos de cesio, cromo y titanio, y protóxido de hierro), que le proporcionan la diferente gama cromática, que va desde un tono totalmente incoloro, como el de la goshanita, hasta el vibrante verde de la esmeralda, pasando por tonos dorados (heliodoro), celeste (aguamarina) y rojo sangre (morganita); el término berilo se reserva a los especímenes verde claro. A pesar de la variedad, los colores son siempre hialinos, aunque a veces opacados por las fracturas, que les dan un aspecto nubloso.

Los cristales de berilo, de una dureza Moss de 6,9 y un peso específico relativamente bajo, adoptan una forma prismática hexagonal, en ocasiones de tamaños considerables y, sus mejores ejemplares se encuentran en los yacimientos de aguamarina de Madagascar, California y la isla de Elba, en el Mediterráneo.

Origen y proyección histórica

Tanto el vocablo griego *berylos* (joya), como el romano *beryllus,* de igual significado, parecen provenir del sánscrito *verulyam,* posteriormente traducido al primero de esos idiomas por Polícrates.

El término verulyam se encuentra mencionado varias veces en los libros de Veda, siempre considerado como un símbolo de amor y pureza, que debía ser usado sobre la frente por los esposos y, únicamente entre ellos desplegaba todo su potencial erótico.

El *Ayurveda* menciona al berilo como eficaz paliativo de los dolores de estómago, laringitis, disfonías e inflamaciones de garganta.

Ya discriminando sus colores, el berilo rojo, pulverizado y mezclado con igual peso de plata, fue utilizado en apósitos por los alquimistas de la Edad Media como cura para la lepra y para la desinfección de heridas y llagas supurantes. El heliodoro, sumergido en agua que se administraba como bebida, se usaba contra la ictericia y los trastornos hepáticos. El berilo, molido y diluido en agua, se aplicaba sobre los ojos en los casos de conjuntivitis, glaucoma y cataratas.

Dolce, erudito y filósofo del siglo XVI, sugería «...esculpir en heliodoro la silueta de un perro para obtener honores y riquezas; en berilo la de una irma para calmar los ánimos exaltados y apaciguar a los enemigos» y, agregaba «la imagen de una abubilla en berilo rojo hace hablar a los espíritus de las aguas; la de un corzo que se arrodilla ante una doncella hace que la mujer domine al marido; la de un gato hace más agradables y amenos los momentos de soledad».

Propiedades terapéuticas físicas, psíquicas y emocionales

En la actualidad, la cristaloterapia utiliza el berilo sobre distintos chakras, de acuerdo con su color, para la curación del asma nerviosa, bronquitis espasmódica, tos y tos convulsa. En el aspecto psíquico actúa sobre el cuerpo mental, activando el desarrollo intelectual y la concentración y, desplegando plenamente los poderes intuitivos y cognoscitivos del individuo. Para ciertos signos zodiacales, el berilo dorado protege contra la inestabilidad y la nostalgia durante los viajes.

CALCEDONIA

Características físico-químicas

La calcedonia no es en realidad una piedra única, sino una gran familia, en la que se incluyen diversas variedades de ágata, crisoprasa, cornalina, heliotropo, sardo, ónice, sardónice y otras, que se analizan bajo sus nombres específicos. Aquí nos ocuparemos de la calcedonia común, que es la más abundante del grupo, junto con las ágatas. La base química de la familia es un anhídrido doble de silicio y aluminio (SIO_2Al), al que la incorporación de otros componentes colorea de distintos tonos, en ocasiones lisos, como la cornalina, listados, como las ágatas, o manchados como algunos sardónicos.

La calcedonia común, de color azul-gris claro o de un celeste blanquecino, algunas veces con agua encerrada en su interior, no presenta una forma identificatoria y, puede obtenerse en forma de filones en rocas metamórficas, nódulos de forma arriñonada y estalactitas y estalagmitas formadas en los pisos y techos de cuevas, procedentes de la evaporación de aguas subterráneas que arrastran sedimentos de los filones internos. La mayoría de los ejemplares son traslúcidos y adquieren poco brillo al lapidarlos, ya que su dureza no es muy elevada. Tiene una densidad inferior a la del cuarzo, e incluso a la de todos los demás integrantes de la familia, ya que es más porosa, y al fracturarla se parte en varias esquirlas.

Los yacimientos más explotados se encuentran en Argentina, Brasil, Asia e Islandia, generalmente asociados con los de espato-flúor.

Origen y proyección histórica

El nombre calcedonia deriva de la ciudad homónima, ubicada antiguamente en la Bitinia, Asia Menor, en la boca del Bósforo, donde aún se explota comercialmente.

En la Edad Media se conocía bajo este nombre a una piedra blancuzca o amarillenta, pero quedan muy pocos datos para comprobar si era el mismo mineral. Se utilizaba molida y mezclada con hidromiel para los dolores dentales y gingivales y, en cataplasmas con cera de abejas para reducir la fiebre.

Propiedades terapéuticas físicas, psíquicas y emocionales

En cristaloterapia, la calcedonia común se emplea como febrífugo y anticonvulsivo, por lo que se recomienda en casos de calambres, convulsiones y epilepsia.

Emocionalmente, es la piedra asociada con el amor maternal, la caridad, la benevolencia y la preocupación por los semejantes y, protege contra la depresión, la melancolía y la nostalgia por los viajes. Su tono azulado la relaciona con el chakra laríngeo o Vishudda.

CARBÚNCULO

Características físico-químicas

Es una variedad de corindón de color rojo oscuro y cristalino que al igual que el granate, una vez pulido, recuerda los granos púrpura del fruto del granado. Debido a que posee un plano de clivaje principal y varios menores, pero difíciles de apreciar, su tallado se efectúa por lo general en cabujón, pero también se encuentran ejemplares trabajados en meseta, escalones o rosetas y, los de menor calidad, se ofrecen en ocasiones pulidos por «tumbling».

Como mineral en bruto, compuesto por un hidrosilicato de aluminio, igual que el granate puede llegar a tamaños considerables, aunque no siempre de primera calidad. Como ejemplo de cristales grandes y de calidad, puede mencionarse el *Tesoro de Viena,* del tamaño de un huevo de gallina, y el *Flor de Dresde,* de 568 quilates, tallado en forma de brillante.

Origen y proyección histórica

Aparece por primera vez en las crónicas egipcias de Plinio sobre la Atlántida y Egipto, incluido bajo el nombre de *carbunculos garamaticus* o *alabandicus,* es decir que el historiador y filósofo lo incluía como una variedad de los carbúnculos, aunque análisis posteriores determinaron que su cristalización muestra una familia diferente.

Los griegos y romanos utilizaban esta especie de granate como un talismán contra los rayos y otros desastres naturales, como las tormentas, e incluso la peste, el cólera y la fiebre. En la Edad Media, se empleaba contra las infecciones y heridas supurantes y, los Cruzados lo llevaban como protección contra los venenos y los animales ponzoñosos. También las viudas bizantinas llevaban pendientes de granate carbúnculo, como una forma de expresar su recuerdo y su insobornable rendición al esposo muerto.

Propiedades terapéuticas físicas, psíquicas y emocionales

El color rojo lo señala como asociado al Segundo Rayo y, por lo tanto con propiedades similares al rubí, la cornalina y el ámbar rojo. Usado como talismán, preserva de accidentes en los viajes, pero si ha sido adquirido por medios deshonestos invierte sus cualidades, acarreando desgracias al poseedor.

En terapias físicas, se recomienda ubicar un cabujón tallado sobre el segundo chakra, en disposiciones de cuerpo entero, cuando se desean prevenir desórdenes menstruales, alteraciones psíquicas y ataques epilépticos. Dispuesto sobre el chakra cardiaco, su color rojo oscuro contribuye a purificar la sangre asegurando una correcta oxigenación de ésta, a la vez que previene problemas de artritis y seudocalcificaciones óseas.

Sobre el chakra de la base, combinado con turmalina negra, favorece la eliminación de productos de desecho y regula el funcionamiento del sistema digestivo y excretor; como así también los movimientos peristálticos del intestino.

En meditación, la imagen onírica de un granate en bruto, convenientemente orientada mediante un cuarzo hialino de dos puntas, simplifica notablemente la búsqueda de soluciones a problemas complejos, especialmente de índole amoroso o vínculos familiares. Paralelamente, combate la depresión, la fatiga y el letargo, activa la imaginación y despierta la creatividad.

CIRCÓN, JACINTO, JARGÓN

Características físico-químicas

Químicamente, el circón es un bióxido de circonio y silicio (SO_2Ci), con trazas de uranio y cromo que le proporcionan su clarísimo tono amarillo; las piezas más oscuras, como las naranjas (jacinto) deben su color a la presencia de torio durante la cristalización; las amarronadas (jargón), al óxido de zinc; las verdosas (circón o diamante de Ceylán), al óxido de hierro y las azuladas (estarlita), al sulfato de titanio o de cobre.

El circonio es un subproducto de las exudaciones magmáticas en rocas sedimentarias o eruptivas y, se explota comercialmente en los terrenos aluvionales de India, Sri Lanka y Tailandia, en Asia, y en Tasmania y las regiones orientales del continente australiano.

Origen y proyección histórica

La denominación de circón proviene posiblemente del término *zargun,* que en persa significa «dorado» y que evolucionó hacia el vocablo francés «jargón». El *Ayurveda* lo menciona como febrífugo y contra los cólicos intestinales y, llevado en forma de pendiente, regulaba el ritmo cardíaco y la presión arterial.

Propiedades terapéuticas físicas, psíquicas y emocionales

La cristaloterapia moderna aplica el circón fundamentalmente sobre el chakra umbilical, para estimular simultáneamente la actividad de todos los sistemas corporales. Paralelamente, este aporte de energía fortalece los cuerpos etéreo, mental y emocional, evitando que su desequilibrio afecte al cuerpo físico. Esta estimulación desatada por el circón redunda en un incremento de la fuerza, resistencia, virilidad, perspicacia, agudeza de juicio y rapidez mental.

Terapéuticamente, su conexión con el chakra del ombligo elimina trastornos digestivos e intestinales, como la acidez, estreñimiento, diarreas e infecciones renales y de la vesícula urinaria.

CITRINO

Características físico-psíquicas

Una modalidad de cuarzo que también se conoce como topacio de Brasil, topacio de España o topacio de Madagascar, lugares donde se encuentran en mayor cantidad. Otro sobrenombre con el que también se le conoce es topacio áureo, ya que lo mismo que el cuarzo citrino, su color va desde el amarillo limón hasta un dorado rojizo profundo; estos cambios de tonos son debidos a que en su composición aparece también hidróxido de hierro y cromo.

Propiedades terapéuticas físicas, psíquicas y emocionales

El cuarzo citrino, muy buscado en cristaloterapia, aporta incentivación, esperanza y gozo de vivir, ya que su energía se asemeja a la solar, reduciendo las tendencias autodestructoras y elevando el nivel de autoestima. Paralelamente, armoniza el cuerpo mental con el emocional, llevando al primero a un estadio superior.

En el aspecto físico, se recomienda para los casos de afecciones crónicas del hígado, el bazo, el páncreas y la vesícula biliar, aplicado sobre el tercer chakra. El cuarzo citrino reactiva la actividad intelectual agotada por problemas o esfuerzos continuados y, resulta ideal para los estudiantes en épocas de exámenes o personas que deben completar tareas intelectuales en planos determinados.

Sumergido en agua para beber, combinado con cuarzo prasio y rosado, o con amatista y rodocrosita, forma una trilogía perfecta para experimentar paz y serenidad y ahuyentar los fantasmas de la ira, la envidia y los celos.

CORAL

Características físico-químicas

Como ya hemos mencionado, al igual que el ámbar, el coral no es un cristal, ni un mineral propiamente dicho, sino los exoesqueletos de ciertas variedades de zoófitos marinos muy pequeños, adheridos fuertemente entre sí, en varios millones por cada trozo extraído del mar. Por lo general, estos animales se agrupan en vida en forma parecida a las ramas de un arbusto pequeño y, al morir, sus esqueletos soldados dan origen al término «ramas de coral» con que se conocen en joyería. Los colores varían entre el blanco, rosa tenue, rojo claro y oscuro, gris y negro, de los cuales el rojo brillante y el negro son los más costosos, aunque su valor, relativamente bajo, hace que no sea rentable su imitación.

El coral es traslúcido u opaco, sin transparencia alguna y, se puede cortar con sierras para metales, e incluso con un instrumento aguzado, marcándolo y luego fracturándolo. En joyería se utilizan como cuentas de rosarios, collares o pulseras y, en dijes y colgantes de diversas formas. Los yacimientos más importantes se encuentran en todos los mares tropicales, donde llegan a formar verdaderas islas, conocidas como «atolones».

En el Mediterráneo, se creía que el coral, como el ámbar, contenía la «esencia de la vida» de la Diosa Madre, que habitaba en el océano en un «árbol de coral».

Hay una creencia hindú de que el océano es el hogar de las almas humanas después de la muerte, de modo que el coral está considerado como un poderoso amuleto para los vivientes. También se coloca sobre el cuerpo del muerto para impedir que los «espíritus malignos» lo ocupen. En la antigua mitología escandinava, el coral también está vinculado con la divinidad.

En la antigüedad, el coral rojo era un regalo de los dioses. Se hallaba en las playas de todo el mundo, pero con más frecuencia en Italia. Para tener poder en la magia, los pueblos antiguos usaban el coral que no había sido trabajado por manos humanas, es decir, que no estaba pulido, bruñido, cortado o esculpido. Como se pensaba que el coral estaba vivo (como una vez lo estuvo), la gente creía que cualquier proceso a que se lo sometiera «matada» las energías mágicas en su interior. Esto no es absolutamente verdad en la actualidad, pero aún existe una creencia: si un trozo de coral usado en magia se rompe por alguna razón, pierde su poder y debe obtenerse una nueva pieza. Devuelva los trozos rotos al océano.

Coral proviene de dos palabras griegas que significan «hija del mar». Las mujeres italianas solían usarlo cerca de la ingle para regular el flujo menstrual, reconociendo el vínculo entre el coral, el mar, la Luna y los ciclos de todos ellos. Se creía que el coral, por lo general rojo, se volvía pálido durante el flujo, luego recobraba el color. Pueden haberlo usado para predecir sus períodos. El coral usado con estos propósitos era cuidadosamente escondido de los ojos de los hombres, pues si ellos lo veían, perdía todo su poder mágico.

El coral se utiliza para atraer la suerte a una casa. Tome un trozo de coral y toque con él todas las puertas, ventanas y paredes de la casa mientras se mueve en el sentido de las agujas del reloj. Luego colóquelo en un sitio prominente y deje que haga su magia.

También tiene asociaciones con el amor. Las mujeres en la Roma antigua usaban pendientes de coral para atraer a los hombres. El polvo de coral se usó en inciensos de Venus del siglo XVI y se encienden velas rojas o rosadas rodeadas de trozos de coral para atraer el amor.

En virtud de sus asociaciones con el mar, el coral también se usa como protector cuando se navega o se viaja por agua y protege a los barcos contra los naufragios. También se usa a veces contra el ataque de tiburones.

Propiedades terapéuticas físicas, psíquicas y emocionales

Al provenir de las profundidades marinas, el coral ofrece vibraciones altamente positivas, como todo lo que surge de la cuna de la vida sobre la Tierra. Fortalece las sensaciones de paz, serenidad y ecuanimidad y, los de color rojo —los más usados en gemoterapia— ayudan eficazmente a clarificar los problemas y conflictos internos, como bloqueos provocados por traumas infantiles, envidias y egoísmos ajenos. Su alta concentración energética agiliza los procesos mentales durante la meditación, ayudando a enfrentar decisiones difíciles y situaciones emergentes, como exámenes, entrevistas de trabajo, reuniones, etcétera.

En la terapia física, el coral rojo, dispuesto sobre el chakra pélvico o Savdhishthana, brinda protección contra desórdenes ováricos y uterinos y los tumores prostáticos y testiculares. Una piedra o rama de coral rosa, ubicada sobre el chakra del corazón, resulta ideal para regular el ritmo cardíaco, estimular la irrigación sanguínea al cerebro y promover la producción de glóbulos rojos por la médula espinal. Localmente, restaura la flexibilidad de las articulaciones anquilosadas por artrosis y los dolores osteoartríticos.

Los corales negros estimulan el funcionamiento del sistema inmunológico, favoreciendo la eliminación de toxinas segregadas como consecuencia de grandes esfuerzos físicos o deportivos. Sin embargo, es preciso asegurarse de que se trata realmente de corales negros naturales, ya que muchos de los que se comercializan son de otro color, ennegrecidos por el fuego o ácidos especiales.

CORINDÓN

Características físico-químicas

Al igual que en el caso de la calcedonia, es una familia y no una piedra única, aunque en mineralogía se designa bajo el nombre de corindón al óxido de aluminio cristalizado, que al no tener trazas de ningún otro compuesto es transparente e incoloro, muy similar al diamante. En la familia figuran también el rubí (rojo carmesí a causa de la presencia de óxido de hierro); la amatista oriental (violeta oscuro por la inclusión de manganeso); topacio oriental (amarillo por la presencia de bióxido de cromo); esmeralda oriental (verde a causa de trazas de sulfato de cobre); jacinto oriental (anaranjado por el óxido de tono) y el esmerilo carborundum, que se utiliza para lapidación y pulido de metales (negro por la presencia de bióxido de magnesio). En este caso, nos ocuparemos del corindón simple, analizando cada uno de los otros bajo su nombre específico.

Es importante destacar que la palabra «oriental» ha sido incluida para distinguir a estos cristales de sus homónimos sin ese término, ya que no tienen relación química alguna entre sí. Sin embargo, su similitud en el color y, obviamente, en la frecuencia de sus vibraciones hace que proporcionen resultados similares en cristaloterapia.

Origen y proyección histórica

El término corindón emana probablemente del sánscrito *korund,* pero existen muy pocas menciones a este cristal en los manuscritos médicos antiguos, posiblemente por su escasez o por haberlo confundido con el diamante, al que se asemeja mucho, aunque su dureza es ligeramente inferior.

Propiedades terapéuticas físicas, psíquicas y emocionales

El corindón puro, incoloro y hialino, utilizado sobre el chakra de la corona, refuerza los conceptos de firmeza espiritual y armoniza los cuerpos etéreo y mental, para una mejor disponibilidad de los procesos cerebrales. Su energía es altamente positiva y proporciona seguridad emocional en momentos de duda y zozobra.

CORNALINA

Características físico-químicas

Perteneciente a la familia de las calcedonias, la inclusión de ligeras trazas de óxido de hierro le proporciona en la mayoría de los ejemplares un tono rosado similar al de la carne humana, llegando en raras ocasiones hasta un rojo fuerte, aunque siempre con una textura traslúcida.

Origen y proyección histórica

Conocida en hebreo como *odem,* el nombre de la cornalina es controvertido, ya que algunos afirman que deriva del latín *carnis* (carne), por su color y otros sostienen que proviene de *cornevulus* (cornezuelo, una variedad de aceituna encorvada en forma de asta de camero), por la forma que adoptan sus nódulos.

Las diferencias de tonalidad influyeron sobre las propiedades terapéuticas que los alquimistas y médicos de la Edad Media adjudicaban a la cornalina: de la común, del color de la carne, se decía que tenía el poder de extraer el hierro y las esquirlas de las heridas, curar las laceraciones y llagas y neutralizar los venenos y las infecciones; las más oscuras, del color de la sangre, tenían la virtud de regular la presión sanguínea, evitando las sangrías y las sanguijuelas; las rosadas curaban la anemia y las más claras, casi blancas, se utilizaban para distintas afecciones de los ojos y los oídos.

Propiedades terapéuticas físicas, psíquicas y emocionales

En la actualidad, la gemoterapia utiliza de la cornalina, especialmente la rosa, sus efectos fuertemente relajantes, así como su propiedad de estimular sensaciones de optimismo, alegría y armonía con el entorno, alejando sentimientos de odio, ira o mal humor. La cornalina roja, utilizada sobre el chakra sexual reduce en la mujer los dolores menstruales y de pre-parto, a la vez que aumenta la fertilidad y la concepción, mientras que en el hombre estimula la virilidad y cura la impotencia.

La cornalina es el cristal indicado para ayudarnos a hallar nuestro lugar y ubicación en el mundo y el universo y para guiar a las personas momentáneamente desubicadas o confusas, ya que enfoca nuestra atención en el momento y la realidad inmediata.

CRISOCOLA

Características físico-químicas

A diferencia de los cristales, es un hidrosilicato de cobre, metal cuya presencia, en mayor o menor cantidad le confiere una tonalidad azulada que oscila entre el azul profundo y el celeste verdoso, opaco y de dureza relativamente baja.

Posee escaso valor comercial y, se extrae como subproducto de las minas de cobre de la región cuyana de Argentina, en Chile, México, los Urales e Italia. Su dureza apenas sobrepasa el grado 7 de la escala de Moss.

Origen y proyección histórica

Su nombre significa en griego *amante del oro,* ya que se consideraba que tenía la propiedad de atraer ese metal, como la magnetita lo hace con el hierro. En lo que respecta a la proyección histórica, son muy pocas las referencias antiguas a la crisocola, ya que es una piedra que se ha manifestado al hombre hace relativamente poco tiempo.

Una de las menciones más importantes se remonta a la Edad Media, donde los alquimistas la administraban en forma oral, pulverizada y mezclada con agua, para aliviar los dolores menstruales y de parto y, en períodos de recuperación de un aborto.

Propiedades terapéuticas físicas, psíquicas y emocionales

Por su feminidad, la crisocola sigue siendo utilizada por la cristaloterapia moderna como la piedra ideal para tratar los desarreglos femeninos, como los dolores de espalda y depresiones provocadas por la menstruación, ya que regula eficazmente los ciclos femeninos. También puede utilizarse como febrífugo y, para calmar los dolores de quemaduras, abrasiones, llagas y úlceras externas e internas.

En el aspecto emocional, la crisocola, aplicada sobre el chakra del corazón, ayuda a tener bajo control los comportamientos equivocados o desproporcionados, calmando el dolor y la pena excesivos, e infundiendo paz, serenidad, consuelo y resignación.

El azul de la crisocola la hace especialmente indicada para aplicar sobre el chakra de la garganta, sobre el cual corrige el desequilibrio tiroideo, los trastornos vocales, las inflamaciones de la laringe y la tráquea y calma los dolores y contracturas nerviosas en el cuello y la parte alta de la espalda. Sin embargo, su versatilidad le permite actuar también sobre cualquier otro chakra, como por ejemplo el pineal, donde abre las puertas de la mente a la percepción de estadios superiores que de otra forma sólo podrían alcanzarse al cabo de muchos años de control mental.

En terapia física, la crisocola ayuda en problemas circulatorios, disuelve y elimina calcificaciones arteriales, desinflama y reduce la rigidez y los dolores de las articulaciones y, por su asignatura netamente femenina, alivia los dolores menstruales y de parto y controla el cáncer de útero.

CONJUNTO DE LOS CUARZOS

Características físico-químicas

Al igual que la calcedonia, el cuarzo no es un mineral único, sino una de las familias más numerosas de la Gea universal, integrada por cientos de variedades, muchas de las cuales son utilizadas en cristaloterapia. Dada esta característica, mencionaremos aquí solamente las propiedades comunes a todos los cuarzos, especificando en cada variedad sus particularidades individuales.

Químicamente, los cuarzos están compuestos por una base de anhídrido silícico, cristalizado por las altas presiones y temperaturas geológicas en un sistema rómbico, en forma de prismas hexagonales que se fracturan según planos de clivaje concoideos. Presenta un brillo vítreo de bajo índice de refracción y refringencia doble, a lo largo de un axis único y, es perfectamente incoloro y transparente cuando la base es pura, aunque se tiñe de diversos colores cuando recibe aportes de otros minerales durante la cristalización.

En la naturaleza, los cuarzos se presentan en tres formas diferentes: como cristales sueltos, más o menos fracturados, agrupados en drusas, o encerrados en forma de geodas dentro de cubiertas del grupo de las calcedonias, generalmente ágata, jaspe o cornalina.

Morfológicamente, la mayoría de los cristales individuales de cuarzo presentan una forma piramidal de base hexagonal plana y, culminan en un ápice en el cual se reúnen los seis triángulos en que se resumen los lados. En algunas ocasiones, la base plana adopta la forma de una segunda punta. En los próximos párrafos analizaremos por separado cada uno de los tipos de cuarzo utilizados en cristaloterapia.

Origen y proyección histórica

El término *cristal,* utilizado antiguamente por los griegos para identificar a la familia de los cuarzos, deriva de las palabras *kryo* (frío) y *stallos* (apretar, presionar), etimología que, según Plinio, surge de la curiosa creencia de que los cristales se forman por el enfriamiento de la humedad celeste dentro de la roca madre. Sin embargo, los cuarzos han sido conocidos por el hombre desde mucho antes de la cultura griega y, han desempeñado un papel protagonista en los ritos esotéricos, mágicos, adivinatorios y terapéuticos de la mayoría de los pueblos antiguos.

En China y Japón se utilizaban fundamentalmente distintas variedades de cuarzo para tallar objetos de culto y, se introducían astillas y trozos de cristal bajo la piel de los chamanes para nutrirse de sus propiedades sagradas y poder así ayudar a los enfermos.

Con el advenimiento del cristianismo, sin embargo, el aspecto místico comenzó a primar sobre el mágico y, los cuarzos comenzaron a integrar las joyas y los objetos de lujo, símbolos de riqueza y poder. A pesar de ello, el cristal de roca, por ejemplo, fue paradójicamente consagrado por la Iglesia como símbolo de la Virgen, representación de la pureza, la castidad y la inocencia.

En la Edad Media —y más tarde en el Renacimiento, cuando los estudios ocultistas y alquímicos proliferaban por doquier—, el morión y el cuarzo hialino eran altamente apreciados para el tallado de esferas y artilugios mágicos, utilizados para las artes de la adivinación.

CRISTAL DE ROCA

Características físico-químicas

El cristal de roca, es el cuarzo en su estado más puro, totalmente incoloro, al carecer de impureza o cualquier inclusión que afecte su transparencia.

Cristal de roca hay en todos los lugares del mundo en regiones montañosas y zonas aluvionales en formas piramidales hexagonales, agrupados con frecuencia en drusas o geodas.

Origen y proyección histórica

Durante un largo período de tiempo se ha tenido la creencia de que el cristal de roca (el cuarzo) era agua o hielo solidificado, usándose durante miles de años en muchas religiones chamanistas. Por su conexión con el agua, infinidades de veces se ha usado para atraer mágicamente a las lluvias en muchos lugares del Pacífico, donde se incluye también Australia y Nueva Guinea.

Entre los indios americanos era de uso común en sus ritos y conjuros como se ha podido verificar en los hallazgos encontrados de varas ceremoniales con puntas de cristal en el sur de California. En el siglo XIV, en Europa, se grababa en el cristal de roca la imagen de un guerrero con armadura que sostenía un arco y una flecha. Servía de protección a quien la llevaba y al lugar donde se ponía.

Propiedades terapéuticas físicas, psíquicas y emocionales

El cristal de roca en su estructura piramidal posee seis caras trapezoidales, que se asimilan con los seis chakras primarios, para fundirse luego mediante seis triadas perfectas, en un ápice común que simboliza el chakra de la corona; el llamado punto de unión del hombre con el Universo.

El cristal canaliza la energía de la luz blanca, a través de ese ápice; es la suma de los siete colores cósmicos. Seguidamente pasa a distribuirla a lo largo de los cuerpos sutiles equilibrándolos y armonizándolos, consiguiendo contrastar cualquier energía nociva que quiera entrar en el organismo. En gemoterapia se recomienda su uso para curar todo tipo de enfermedades tanto del cuerpo como de la mente, para la meditación, la canalización energética, trabajando sincrónicamente con todas las vibraciones posibles, se puede no sólo estimular simultáneamente todos los centros curativos del organismo sino que también se puede prevenir para que estén alerta cuando algún agente perjudicial intente irrumpir en él.

CUARZO AHUMADO, MORIÓN

Características físico-químicas

Se trata de un cuarzo básico, al que la inclusión de moléculas de óxido de selenio o titanio o, bien en contenido extra de átomos de silicio libres atrapados en la retícula cristalina, le hacen adoptar una tonalidad amarronada o grisácea, llegando casi hasta el negro, según la proporción de cada compuesto. Si bien mantiene la forma básica de pirámide hexagonal, su transparencia, de refracción policroica, va decreciendo a medida que aumentan los compuestos en suspensión. Se extrae en el sur de Brasil, Suiza,

Inglaterra, Irlanda, Escocia, Sudáfrica y Madagascar, de donde proviene el más grande conocido, bautizado como «El Abuelo», con un peso de más de 140 kilogramos.

Propiedades terapéuticas físicas, psíquicas y emocionales

Considerando su color oscuro, la aplicación del cuarzo ahumado es más indicada sobre el primer chakra, aunque colocándolo sobre las palmas de las manos, con los extremos hacia fuera, actúa como un efectivo canalizador de energías negativas hacia el exterior de los cuerpos sutiles. Su aplicación puede combinarse con la de un cuarzo hialino de la siguiente forma: se sostiene durante algunos minutos un cristal ahumado en cada mano, con los extremos hacia fuera del cuerpo, para desalojar las energías nocivas. Luego, sosteniendo un cuarzo hialino con su extremo apuntando hacia el chakra de la corona, se desplaza la punta de uno ahumado a lo largo de todos los demás chakras, logrando de esta forma armonizar el cuerpo físico con los cuerpos sutiles.

El cuarzo ahumado representa el inconsciente, la intuición y como tal purifica y equilibra los cuerpos emocional y mental con el físico, por lo que resulta ideal para los casos de depresión, angustia, insomnio y fatiga mental. En terapias físicas, está especialmente indicado para afecciones estomacales, intestinales y de las vías urinarias.

CUARZO CITRINO

Características físico-químicas

Llamado así por su coloración similar al citrino, se le conoce también como topacio del Brasil, topacio de España o topacio de Madagascar, ya que son los países donde se encuentra en mayor cantidad. También se le conoce como topacio áureo, pues al igual que su homónimo, su color oscila desde el amarillo limón, muy claro, hasta un dorado rojizo profundo, debido a la presencia en su composición de hidróxidos de hierro y cromo.

Propiedades terapéuticas físicas, psíquicas y emocionales

El cuarzo citrino, muy buscado en cristaloterapia, aporta incentivación, esperanza y gozo de vivir, ya que su energía se asemeja a la solar, reduciendo las tendencias autodestructoras y elevando el nivel de autoestima. Paralelamente, armoniza el cuerpo mental con el emocional, llevando al primero a un estadio superior.

En el aspecto físico, se recomienda para los casos de afecciones crónicas del hígado, el bazo, el páncreas y la vesícula biliar, aplicado sobre el tercer chakra. El cuarzo citrino reactiva la actividad intelectual agotada por problemas o esfuerzos continuados y, resulta ideal para los estudiantes en épocas de exámenes o, personas que deben contemplar tareas intelectuales en plazos determinados.

Sumergido en agua para beber, combinado con cuarzo prasio y rosado, o con amatista y rodocrosita, forma una trilogía perfecta para experimentar paz y serenidad y ahuyentar los fantasmas de la ira, la envidia y los celos.

CUARZO HIALINO, CRISTAL DE ROCA

Características físico-químicas

Es el cuarzo en su estado más puro, totalmente incoloro, ya que carece de impurezas o inclusiones que afecten su transparencia. Su índice de refracción dicroica es extremadamente bajo, con doble refringencia orientada por un eje único, lo que lo hace un excelente conductor y canalizador para todo tipo de energía.

Se lo encuentra en regiones montañosas y zonas aluvionales de todo el mundo, en forma de cristales piramidales hexagonales, con frecuencia agrupados en drusas o geodas y, técnicamente se aprovecha su vibración molecular hiperestable para controlar la exactitud de circuitos electrónicos, como en relojes, temporizadores, dispositivos de activación y desactivación, etcétera.

Propiedades terapéuticas físicas, psíquicas y emocionales

Las seis caras trapezoidales de la estructura piramidal del cristal de roca se asimilan con los seis chakras primarios, para luego fundirse, mediante seis tríadas perfectas, en un ápice común que simboliza el chakra de la corona, es decir, el punto de unión del hombre con el Universo.

A través de ese ápice, el cristal puede canalizar la energía de la luz blanca —que es la suma de los siete colores cósmicos— y distribuirla a lo largo de los cuerpos sutiles, equilibrándolos y armonizándolos para contrarrestar cualquier otra energía nociva que pueda tratar de irrumpir en el organismo. Esta característica del cuarzo hialino lo convierte en el más versátil y útil de todos los cristales, por lo que resulta muy buscado en gemoterapia, donde se puede utilizar para curaciones de todo tipo, meditación, canalización energética, generación, programación y reprogramación de otros cristales, comunicación y protección personal y de hogar.

En lo físico, el cuarzo hialino posee poderosas propiedades terapéuticas, ya que atrae y canaliza la energía cósmica, desbloqueando y activando la totalidad de los cuerpos sutiles, armonizándolos entre sí y con el cuerpo físico, lo que significa la curación por antonomasia: la desaparición de toda posibilidad de enfermedad.

Dicho de otra forma: si todos los procesos de la cristaloterapia surgen de las distintas frecuencias armonizadoras del color y de la luz, al trabajar sincrónicamente con todas las vibraciones posibles, podemos, no sólo estimular simultáneamente todos los centros curativos de nuestro organismo, sino algo más importante aún: prevenirlo contra la irrupción de los agentes perjudiciales.

CUARZO ROSA

Características físico-químicas

Conocido también como rubí de Transilvania y Morganita, debe su gama tonal —desde rosa pálido hasta rojo fuerte— a la presencia de partículas de manganeso en sus espacios interreticulares. Al igual que todos los cuarzos, puede ser transparente o traslúcido, según el grado de impurezas o fracturas, y su alto grado de refringencia dicroica uniaxial lo convierte en un excelente canalizador de la energía. Los yacimientos más importantes, la mayoría de ellos de características aluvionales, se encuentran en la Selva Negra, Brasil, Estados Unidos, México, Irlanda y Escocia.

Propiedades terapéuticas físicas, psíquicas y emocionales

Considerada en el antiguo Egipto como la piedra del amor sagrado, la gemoterapia moderna la utiliza fundamentalmente para cerrar heridas sentimentales y mitigar el dolor por la pérdida o alejamiento de los seres amados. Como consecuencia colateral de esta propiedad, también estimula el amor incondicional por nuestros semejantes y la autoestima en sus facetas más positivas.

Su color rosado lo hace un excelente complemento para la rodocrosita, especialmente aplicados sobre el chakra del corazón, donde fortalecen el vórtice cardíaco y regulan su ritmo, la circulación sanguínea y la presión arterial.

Cuando el paciente no ha recibido de niño el amor o afecto necesarios (e imprescindibles) para desarrollar una sana y fuerte imagen positiva de sí mismo, inconscientemente asumirá que no ha hecho méritos suficientes para merecer el amor de los demás y, eso lo sumirá en un sentimiento de inutilidad y falta de confianza en sí mismo, que invariablemente transmitirá a su propia descendencia. Una vez detectado el problema, la aplicación de un cristal o una drusa de cuarzo rosa sobre el chakra del corazón, rodeado por una tríada de rodocrositas con uno de los vértices hacia el chakra laríngeo, hará que comiencen a disolverse esos bloqueos emotivos y comunicacionales que dificultan la capacidad de dar y recibir afecto.

CUARZO RUTILADO

Características físico-químicas

Con una forma algo más elongada que los demás cuarzos, lo que le valió el mote de «piedra aguja», a la base silícica característica del cuarzo se le suman pequeños filamentos de oro y dióxido de titanio, que le dan una apariencia rutilante, de la cual proviene su nombre.

Generalmente explotado como mineral aurífero, los mayores yacimientos se encuentran en Sudáfrica, Madagascar, Nigeria, al suroeste de los Estados Unidos, norte de México y los Urales.

CUARZO VERDE, PRASIO

Características físico-químicas

Denominado así por su color, similar al de las hojas verde brillante del puerro, *(prasos,* en griego) el prasio se asemeja en tono a la esmeralda, aunque con un brillo menos acentuado, más similar al de la nefrita. Al ser poco utilizado como gema, existen pocos yacimientos importantes, y la mayor parte del prasio, tanto la variedad verde, la más frecuente, como la rosa, se obtiene en los terrenos aluvionales del este de la India, México, sur de los Estados Unidos y Colombia.

Propiedades terapéuticas físicas, químicas y emocionales

Dadas sus tonalidades verde y rosa, el prasio se utiliza fundamentalmente sobre el chakra torácico, como complemento de la esmeralda, la malaquita, el cuarzo rosa, la rodocrosita y la turmalina verde o rosa, como liberador de las emociones afectivas reprimidas. En el aspecto físico, resulta excelente como regulador del ritmo cardíaco y la presión arterial, activador de los sistemas circulatorio y endocrino y, eficaz estimulante del sistema inmunitario. Sumergido en agua durante un día de sol, junto con cuarzo rosado o amatista, esta bebida transmite serenidad y calma en los momentos de duda o apremio.

DIAMANTE

Características físico-químicas

Si bien los diamantes, hermosos en apariencia, no son más que trozos de carbono cristalizados en su forma más pura, son asimismo las piedras preciosas más duras, al punto de determinar el grado 10 de la escala de Moss, punto a partir del cual se establece hacia abajo la dureza de todos los demás minerales. Sus cristales cúbicos, extremadamente compactos a causa de las elevadísimas presiones bajo las cuales han sido generados, ofrecen una gran fuerza de cohesión, a pesar de lo cual poseen planos de clivaje netamente diferenciados, a lo largo de los cuales se tallaban sus facetas en la antigüedad.

A pesar de la enorme distancia estética que los separa, la composición química del diamante es exactamente igual a la del grafito y, la única diferencia estriba en la cristalización ortorrómbica del diamante, en contraposición con la estructura amorfa del grafito. Esta configuración de los planos de clivaje facilita notablemente el tallado en brillante, ya que por percusión se fractura siguiendo las facetas de un octaedro perfecto y simétrico; en la antigüedad ésta era la única manera conocida de tallar diamantes.

Ópticamente, el diamante puro es monorrefringente, pero en muchos casos, los planos de clivaje le otorgan una birrefracción anómala, por lo cual los ejemplares incoloros puros y, de transparencia perfecta, son los más costosos, conociéndolos como «de primer agua». Una excepción a esta regla son las gemas coloreadas de rosa por inclusiones de bióxido de manganeso, amarillas por el óxido de cromo o verdes por el sulfato de cobre o derivados del uranio y el tono, que cuando conservan la transparencia perfecta alcanzan precios muy elevados; lo mismo sucede con las variedades negras completamente opacas, a causa de su escasez.

Otra de las aplicaciones —en realidad la más importante, económicamente hablando— está destinada a los diamantes con pequeñas manchas, zonas nebulosas, resquebrajaduras o colores desparejos, cuyos defectos los condenan a ser pulverizados, para utilizarse en puntas de trépanos de excavación, sierras para minerales y metales duros, soportes para piezas móviles de mecanismos de precisión, etcétera.

Origen y proyección histórica

La mitología persa sostenía que el diamante sostenido en su mano por Ahriman (la personificación del mal sobre la Tierra), era su símbolo de poder sobre el mundo, una vez que Ormuz, dios supremo del bien, hubiera perdido su poder. Sin embargo, Ormuz triunfó sobre Ahriman y, la joya se hundió en un lago, donde se fundió con el semen de Zahrathustra, dando origen a todos los preceptos mazdeístas.

También el Antiguo Testamento se ocupa de los diamantes como instrumentos del Omnipotente, utilizados por Jehová para ahuyentar las hordas malditas de los ángeles rebeldes, y expulsarías definitivamente del paraíso. Era asimismo una de las gemas del pectoral de Aarón y, el propio Abraham llevaba un collar de ellos en el cuello, con el que «...curaba a los desahuciados y devolvía la luz a los ojos de los ciegos».

La tradición sánscrita, perpetuada por los Vedas, considera al diamante como una piedra nociva, a menos que se la purifique, sometiéndola durante siete noches seguidas al humo de estiércol de vaca, seguido de una inmersión en una infusión hecha con las hojas de una planta solanácea, como la papa, el tabaco o la hierba mora. Cabe destacar que, curiosamente, este tipo de plantas es de origen sudamericano.

Según los viejos códices chinos, el diamante tiene su origen en el apareamiento de piedras preciosas Yang (masculinas) y Yin (femeninas). Cuando la polaridad de estas gemas alcanzaba el equilibrio cósmico perfecto, de su unión surgían pequeños diamantes, que crecían nutriéndose del rocío de la noche.

También las leyendas occidentales, antiguas y modernas, hablan de la «malignidad» de los diamantes, tal vez basándose en el hecho de que la mayoría de los brillantes célebres, excepto quizás el *Cullinam,* considerado el más grande, con sus 967 quilates, han tenido historias signadas por el dolor y la muerte: el *Orlov* (436 quilates), uno de los ojos de la estatua de Buda, fue robado por un soldado francés que murió trágicamente y, regalado por el príncipe Orlov a la zarina Catalina II, formó parte del cetro de los zares, hasta su caída, de la cual se culpa a su maleficio. El *Regente* (533 quilates), fue encontrado por un esclavo negro de un campo diamantífero, que fue asesinado para robárselo; luego llegó a formar parte de la corona de Francia, de la cual fue robado para hallarlo luego en el cadáver de un desconocido en un cementerio de Nantes. También el *Hope* (más famoso por su aura nefasta que por sus 321 quilates) perteneció a la realeza francesa. Pasó sucesivamente de las manos de una de las favoritas de Luis XV, Montespan, a las de Luis XVI y a las de María Antonieta, todos ellos desaparecidos en condiciones trágicas. También el *Koh-i-Noor,* el segundo en tamaño conocido *(657* quilates), cuenta una historia de sangre y muerte: según el *Mahabharata,* fue bajado del cielo por el hijo del dios Sol, Kamrid, quien lo regaló al Gran Mogol, que luego fue asesinado por el Shah de Persia, quien a su vez también murió en una batalla ocasionada por la posesión del diamante.

Propiedades terapéuticas físicas, químicas y emocionales

El diamante es, en esencia, un extraordinario condensador de energías de todo tipo y, su naturaleza positiva, especialmente utilizada sobre el chakra de la corona, ayuda a aumentar la energía vital, armonizando todos los cuerpos sutiles con el físico y erradicando así toda posibilidad de enfermedad orgánica.

Sin embargo, su mayor potencialidad se centra sobre los problemas psíquicos, especialmente en aquellas personas con deseos de superación espiritual, pero que se encuentran sometidas a bloqueos mentales, originados en su mayor parte por traumas infantiles y juveniles. En ellas, el diamante, colocado sobre el chakra coronario, canaliza las frecuencias de los siete colores cósmicos, permitiendo el desbloqueo y la liberación del potencial energético personal en su forma más plena.

En la gemoterapia moderna, el diamante está especialmente indicado como ayuda para la meditación, ya que su carácter ambiguo ayuda al que medita a discernir entre lo positivo y lo negativo, el bien y el mal, el camino correcto y el incorrecto; en definitiva, el Ying y el Yang. Quien lo adopte para la meditación con propósitos sanos, honestos y constructivos, obtendrá de él lo mejor, pero quien lo haga con intenciones aviesas o tergiversadas, recibirá su castigo. En este sentido, podríamos decir que un diamante actúa como un espejo: si enviamos hacia él energías positivas, nos las devolverá potenciadas, pero si emanamos ondas negativas, también nos serán devueltas multiplicadas.

DIAMANTE HERKIMER

Características físico-químicas

Se trata de una variedad muy rara de cuarzo (bióxido de silicio) casi completamente pura, sin inclusiones y, por lo tanto, absolutamente transparente, a excepción quizás por algunas burbujas o ligeras fracturas que suelen presentarse por los cambios de temperatura. Ya que su tamaño en bruto es muy superior al diamante, en muchas ocasiones se ha intentado hacer pasar por diamante auténtico, por lo que también se conoce como «diamante de tontos». Sin embargo, los expertos lo reconocen fácilmente ya que su densidad es bastante menor y su dureza no llega a rayar el vidrio común.

Origen y proyección histórica

Originario de la ciudad de Herkimer, al este del estado de Ohío, sobre las estribaciones de los montes Alleghany, recibe su nombre de su punto de origen y sólo se encuentra en esa parte del territorio de los Estados Unidos de Norteamérica. Su génesis, relativamente nueva (al menos desde que se ha manifestado al hombre), hace que no tenga referencias en la historia, aunque probablemente esto se deba a que se los tomaba o bien por diamantes auténticos o por cuarzo hialino.

Propiedades terapéuticas físicas, químicas y emocionales

A efectos gemoterapéuticos, al Herkimer se le puede considerar como un verdadero diamante, con todos los atributos de éste y del cuarzo hialino, aunque en el caso de este último sus funciones son más marcadas, debido a su extraordinaria transparencia. En terapias físicas reduce las tensiones y ayuda a conciliar un sueño reparador y sin perturbaciones; alinea los cuerpos sutiles con los cuerpos físicos y mental, permitiendo un rápido y eficaz drenaje, tanto de los productos de desecho orgánicos, como mentales y espirituales.

En meditación rinde quizás su mejor resultado, ya que constituye un poderoso amplificador y canalizador de las energías superiores, facilitando la conexión de espíritus afines, así como la interrelación con el Yo Superior.

ESMERALDA

Características físico-químicas

En su connotación química, la esmeralda es un silicato doble de berilio y aluminio, coloreada por diversas sustancias como óxidos de hierro, vanadio, cromo, berquelio, etc., que hacen oscilar su tonalidad entre el típico verde brillante y aterciopelado que la caracteriza, hasta el amarillo o el grisáceo, aunque nunca el azul. El color puede no ser homogéneo, en cuyo caso se presenta en estrías alternadas, paralelas al plano de la base mayor.

Su cristalización es por un sistema hexagonal de birrefringencia monoaxial policroica, con un plano de clivaje principal, por lo que generalmente se le talla en forma de mesa, tableta, escalones o simplemente de cabujón, con una base plana y la otra abovedada. Con respecto a su valor, es muy elevado cuando la piedra es perfecta, rondando las cifras adjudicadas al rubí y el diamante. Sin embargo, existen pocas piedras de gran tamaño con esa cualidad. Entre los ejemplares más grandes de calidad de joyería se cuentan la del Duque de Devonshire, de 1.350 quilates; la del Duomo de Génova (1125), la perteneciente al último Zar de Rusia, de 13 x 15,5 cm, tallada en bisel, y la de la corona de Austria, con 932 quilates.

Con respecto a las falsificaciones, para ellas se utilizan principalmente variedades verdes del berilo y el zafiro común y sobre todo un tipo de corindón oriental, con inclusiones de hidróxido de cobre que le proporcionan un tono muy similar al de la piedra verdadera.

En Europa, los principales yacimientos de esmeraldas se encuentran en Austria, Noruega y las faldas occidentales de los

Urales, aunque estas últimas son bastante opacas y de calidad inferior. En cuanto a los yacimientos americanos, las más cotizadas son las de Brasil, Colombia y Carolina del Norte, mientras que en Africa sólo se encuentran en las minas del Transvaal, región netamente diamantífera.

Origen y proyección histórica

Según los registros más antiguos de las tradiciones egipcias, las primeras esmeraldas de que se tienen noticias, provienen de las hace poco redescubiertas minas del Alto Egipto, explotadas por los esclavos nubios desde 20 siglos antes de Cristo y que se extendían por la zona del mar Rojo, desde las actuales regiones costeras del Sahara hasta la zona de Djabel Sikarte.

No se tienen conocimientos exactos del origen del término esmeralda, pero muchos autores coinciden en que Plinio le adjudicó por primera vez el nombre *smaragdos,* derivado a su vez del caldeo *samorat,* que significaba literalmente «corazón de piedra».

En épocas muy anteriores a la precolombina las civilizaciones andinas de Chavín y Rancuay deificaron a la esmeralda bajo el nombre de Pochamac, diosa de la Luz Sagrada, representada por una esmeralda tallada en forma de calavera de tamaño natural, sobre la que se había grabado la silueta de una de las gigantescas ranas del lago Titica.

Según los códices bíblicos, la esmeralda era la doceava piedra del peto de Aarón, situada directamente sobre la zona del corazón.

Propiedades terapéuticas físicas, químicas y emocionales

El intenso color verde de la esmeralda la ha convertido en el símbolo de la primavera, la resurrección, la esperanza y el renacimiento, con las respectivas connotaciones de belleza, castidad, espiritualidad, bondad y, por supuesto, el amor. Utilizada en forma permanente, otorga juventud, felicidad y longevidad, pero sólo si su portador actúa en forma virtuosa y honesta, ya que si se aparta del camino recto, la piedra se fractura o se separa de su engarce, anunciando la muerte.

En la moderna cristaloterapia, la esmeralda se utiliza en aplicaciones externas y gemomedicinas o elixires, para combatir las hemorragias y las afecciones cutáneas, como granos, furúnculos, herpes, acné, tiña y melanomas avanzados. Su color verde brillante la asocia directamente con el chakra del corazón y la hace ideal para combinar con otras gemas verdes, como la venturina, o rosas, como la rodocrosita y el cuarzo rosa, en disposiciones múltiples para aliviar problemas cardíacos y circulatorios y facilitar los estados de parto y post-parto.

Utilizada durante la meditación, ayuda a reconocer posibles infidelidades dentro de la pareja y eventuales traiciones de los más allegados, así como a aumentar las capacidades de concentración, calma y serenidad espiritual. También contribuye a armonizar las energías que relacionan el chakra Anahata con los cuerpos sutiles, facilitando la salida al exterior de todas aquellas emociones afectivas nocivas o dañinas.

La medicina ayurvédica actual, inspirada en los tradicionales textos hindúes *(Samhitas),* utiliza la *panna nagina* (nombre común de la esmeralda), o *marakata* (nombre sánscrito) en gemoterapia, para aliviar los dolores de parto y el estómago, las crisis hepáticas y los cólicos renales.

GRANATE, CARBÚNCULO

Características físico-químicas

Su nombre actual deriva del término galo *bomgranate,* porque su color rojo sangre, oscuro y cristalino recuerda, una vez pulido, el de los granos púrpuras del fruto del granado.

El tallado del granate, probablemente debido a que posee un plano de clivaje principal y varios menores, pero difíciles de apreciar, se efectúa por lo general en cabujón, pero también se encuentran ejemplares trabajados en meseta, escalones o rosetas y, los de menor calidad, se ofrecen en ocasiones pulidos por tumbling.

Como mineral en bruto, compuesto por un hidrosilicato de aluminio, el granate puede llegar a tamaños considerables, aunque no siempre de primera calidad. Como ejemplo de cristales grandes y de calidad, puede mencionarse el *Tesoro de Viena,* del tamaño de un huevo de gallina y el *Flor de Dresde,* de 568 quilates, tallado en forma de brillante.

Origen y proyección histórica

El granate aparece por primera vez en las crónicas egipcias de Plinio sobre la Atlántida y Egipto, incluido bajo el nombre de *carbunculus garamaticus* o *alabandicus,* es decir que el historiador y filósofo lo incluía como una variedad de los carbúnculos, aunque análisis posteriores determinaron que su cristalización muestra una familia diferente.

Los griegos y romanos utilizaban el granate como un talismán contra los rayos y otros desastres naturales, como las tormentas, e incluso la peste, el cólera y la fiebre; en la Edad Media, se empleaba contra las infecciones y heridas supurantes, y los Cruzados lo llevaban como protección contra los venenos y los animales ponzoñosos. También las viudas bizantinas llevaban pendientes de granate, como una forma de expresar su recuerdo y su insobornable rendición al esposo muerto.

Propiedades terapéuticas físicas, químicas y emocionales

El color rojo del granate lo señala como asociado al Segundo Rayo, y por lo tanto con propiedades similares al rubí, la cornalina y el ámbar rojo. Usado como talismán, preserva de accidentes en los viajes, pero si ha sido adquirido por medios deshonestos invierte sus cualidades, acarreando desgracias al poseedor.

En terapias físicas, se recomienda ubicar un granate tallado en cabujón sobre el segundo chakra, en disposiciones de cuerpo entero, cuando se desean prevenir desórdenes menstruales, alteraciones psíquicas y ataques epilépticos. Dispuesto sobre el chakra cardíaco, su color rojo oscuro contribuye a purificar la sangre, asegurando una correcta oxigenación de ésta, a la vez que previene problemas de artritis y seudocalcificaciones óseas.

Sobre el chakra de la base, combinado con turmalina negra, favorece la eliminación de productos de desecho y regula el funcionamiento del sistema digestivo y excretor, así como también los movimientos peristálticos del intestino.

En meditación, la imagen onírica de un granate en bruto, convenientemente orientada mediante un cuarzo hialino de dos puntas, simplifica notablemente la búsqueda de soluciones a problemas complejos, especialmente de índole amoroso o vínculos familiares. Paralelamente, combate la depresión, la fatiga y el letargo, activa la imaginación y despierta la creatividad.

HELIOTROPO

Características físico-químicas

Clasificada dentro del grupo de las ágatas se le conoce también como jaspe sanguíneo y sanguinaria; es un cuarzo criptocristalino con base silica con un atrayente tono verde brillante, traslúcido y estriado que refleja diferentes tonalidades. Los yacimientos más importantes de este mineral están situados en el valle del Ganges, en la India, Estados Unidos, Brasil, China y Australia. También en las minas de la isla de Chipre, aunque la producción es baja, el mineral que se extrae es de una calidad extraordinaria.

Origen y proyección histórica

Los indios americanos usaban este mineral en ceremonias para atraer la lluvia, de ahí uno de sus nombres por el que es conocido «el que provoca la lluvia», aunque lo que Plinio dice de ella es que el jaspe ya fue usado con fines terapéuticos por los Atlantes: «...esta piedra preciosa renace en los tiempos modernos en África, en la isla de Chipre y su color verde puerro está recorrido por un veteado sanguíneo. El nombre proviene de que, cuando se sumerge en agua evoca la imagen del Sol de color de sangre y fuera del agua se puede ver los eclipses de sol; su nombre proviene de los términos helio (sol) y tropos (afinidad)»: Alejandro Magno también confirma las propiedades de esta piedra afirmando además que, «untando el heliotropo con zumo de la planta que se llama del mismo nombre y, colocado bajo el agua, permite ver el Sol volverse de sangre, igual ocurre durante los eclipses de Sol y Luna».

Más adelante ofrece una explicación científica del fenómeno: «...sucede que la piedra hace hervir el agua, provocando una pequeña nube que hace que el agua que la rodea se haga más densa, impidiendo así el paso de los rayos del Sol y haciendo que éste se vea más oscuro. Cuando la nube se disipa, quedan en su lugar gotas de rocío»

Los alquimistas de la Edad Media sostenían que el heliotropo «...macerando con la flor de su mismo nombre y frotado en el cuerpo con la ayuda de ciertas fórmulas secretas, puede hacer invisible a un hombre, a la vez que lo protege contra las picaduras ponzoñosas de insectos y serpientes». Esto parece ser confirmado por Dante, quien en *La Divina Comedia* escribe que «...en aquél círculo corrían gentes desnudas y aterradas, condenadas a correr eternamente entre serpientes y escorpiones, sin esperanza de encontrar refugio o heliotropo», aludiendo a que no podían hacerse invisibles, ni inmunes al veneno.

Propiedades terapéuticas físicas, químicas y emocionales

La característica combinación de verde (el color curativo por excelencia) y rojo (color de la sangre) de esta piedra la torna ideal para tratar enfermedades y trastornos relacionados con la sangre, el sistema circulatorio y el sistema cardiovascular, sobre todo combinada con piedras del Cuarto Rayo, como la esmeralda, la malaquita, el cuarzo rosa o la rodocrosita.

La sanguinaria constituye además un excelente limpiador para el cuerpo físico, eliminando desechos del hígado, el bazo y la sangre, especialmente urea y ácido láctico, lo que la hace ideal para la recuperación después de esfuerzos desacostumbrados.

HEMATITA, MAGNETITA, PIEDRA IMÁN

Características físico-químicas

Se trata de un compuesto base, imantado naturalmente, integrado por un sesquióxido anhidro de hierro, en cuyo caso su color es rojo sangre, pero en la mayoría de las ocasiones se encuentra contaminado por la presencia de otros óxidos, como los de titanio y manganeso, que le otorgan un color amarronado o rojo oscuro, o hidróxido de aluminio, que le confiere una tonalidad más grisácea.

La hematita es uno de los minerales de hierro más abundante y conocido, aunque recibe diversos nombres según el país donde se extrae, entre los que se encuentran los Estados Unidos, Brasil, Argentina, Bolivia, Siberia, India y Australia.

Origen y proyección histórica

Su color rojo brillante, asociado con la sangre, le valió el nombre de hematita, derivado del griego *haema* o *amah* (sangre) y *ehites* (detener), porque según Plinio y Dioscórides, que la mencionan en sus crónicas sobre Egipto, constituye un eficaz coagulante en las hemorragias, tanto internas como traumáticas. Según sus escritos, los egipcios extraían el mineral de las minas del Bajo Nilo, desde 2.500 años antes de Cristo y lo utilizaban en forma de talismanes, como protección contra las heridas de guerra. También se encontraron pectorales con incrustaciones de hematita en las célebres excavaciones en Irán, que permitieron el descubrimiento de Babilonia.

Basándose probablemente en los poderes de atracción de la magnetita con respecto al hierro, Alejandro Magno escribió: «...si se desea saber si la mujer de uno es casta y pura, y ama a su marido, tómese magnetita, llamada por los galos aimant, que tiene el color del hierro y que se encuentra en el Mar de las Indias, y algunas veces en la Teutonia (hoy Francia Oriental), y colóquesela sobre la cabeza de la mujer; si es casta y pura os abrazará; en caso contrario, saltará de la cama. Además, tomando esta piedra, reduciéndola a polvo y colocándola sobre carbones encendidos en los cuatro ángulos de la casa, saldrán todos los que en ella se hallen, dejándoos como dueño, porque su poder hace parecer que la casa está derrumbándose».

En otro continente, América, los indios hopi, del oeste americano, famosos por sus conocimientos de las drogas naturales, la humedecían con agua o jugo de granada, para obtener un apósito astringente y hemostático, que aplicaban sobre las heridas sangrantes.

Propiedades físicas, químicas y emocionales

Es prácticamente inevitable asociar la magnetita con la sangre y en consecuencia con el segundo chakra. Es una piedra con un elevado potencial para alejar negatividades, tanto ajenas como procedentes de nuestro propio interior.

Asimismo, es un poderoso energizante y aplicada en combinaciones con rubíes o granates alivian muchas afecciones, especialmente del sistema urinario y digestivo. En las actuales terapias por gemas, la hematita, aplicada en distribuciones de cuerpo entero, ha demostrado ser muy útil en algunos casos de cáncer, especialmente tumores de mama, quistes ováricos y cánceres de próstata.

HERKIMER

Características físico-químicas

Bióxido de silicio completamente pura y por lo tanto completamente transparente. De tamaño superior al diamante, en ocasiones se ha intentado hacer pasar por diamante auténtico, lo que le ha dado el nombre de «diamante de tontos», los expertos lo reconocen fácilmente por su densidad, bastante menor y su dureza que no llega como el diamante a rayar el vidrio.

Origen y proyección histórica

Proviene de la ciudad de Herkimer, en Estados Unidos, al este del estado de Ohío, en las estribaciones de los montes Alleghauy, de donde le viene el nombre, no tiene referencia histórica, por lo menos desde que se ha manifestado al hombre; tal vez se deba esto a que era tomado como cuarzo hialino, o diamante auténtico.

Propiedades físicas, químicas y emocionales

El herkimer, en gemoterapia, está considerado como un diamante auténtico que contiene todos los atributos que éste y del cuarzo hialino; en el caso del cuarzo hialino, sus funciones son más marcadas por su extraordinaria transparencia; reduce las tensiones y ayuda a conciliar un sueño reparador y sin perturbaciones; alinea los cuerpos sutiles con los cuerpos físico y mental, que permite un rápido y eficaz drenaje. En la meditación sea posiblemente donde mejor resultados dé, por constituir un poderoso amplificador y canalizador de las energías superiores, que facilita la conexión de espíritus afines, así como la interrelación con el yo superior.

JACINTO

Características físico-químicas

Su composición química es la misma que la del circón, ya que es una variedad de este mismo mineral transparente y de hermosa coloración rojo amarillenta. Es muy apreciado en la industria joyera, entre la que destaca una denominada con el nombre de *jacinto de Compostela,* es un cuarzo de color amarillo con tonalidad que va del pardo al rojizo, debido a las inclusiones de óxido de hierro que contiene.

Es un subproducto de las exudaciones magnéticas idénticamente igual que el circón, en rocas sedimentarias o eruptivas, siendo su explotación comercial y, los lugares donde está ubicado los mismos que éste.

Origen y proyección histórica

Según creencia antigua, a diferencia de su omónimo el circón, el jacinto, no transmite su virtud si no está engarzado en oro, ciertos libros también antiguos nos dicen que hay dos especies: acuático y zafirino; el primero amarillo y blancuzco; el segundo luciente y sin acuosidad, aunque más precioso. Lo llevaban personas que iban a emprender viajes, para prevenirse de los peligros, para lo cual los antiguos añadían que era preciso llevarlo en el dedo o al cuello, lo que daba también la seguridad de ser bien recibidos en las casas ajenas. A causa de su frialdad tenía la virtud de producir sueño.

Propiedades físicas, químicas y emocionales

En la actualidad en la cristaloterapia moderna se aplica exactamente igual que el circón, sobre el chakra umbilical, sirviendo para estimular simultáneamente la actividad de todos los sistemas corporales. Con este aporte de energía se fortalecen los cuerpos etéreo, mental y emocional y, evita que su desequilibrio afecte al cuerpo físico. Esta estimulación incrementa la fuerza, resistencia, virilidad, perspicacia, agudeza de juicio y rapidez mental.

Terapéuticamente, igual que su homónimo el circón, su conexión con el chakra del ombligo elimina trastornos digestivos e intestinales, como acidez, estreñimiento, diarreas e infecciones renales y de la vesícula urinaria.

JADE

Características físico-químicas

Se agrupa bajo la común denominación de jade a una serie de minerales, algunos de ellos de muy distinta composición química y cristalización, de los cuales mencionaremos sólo las variedades más representativas, que son el jade propiamente dicho y el epodumeno, muy parecidos en su apariencia, dureza y fragilidad. El primero de ellos es un mineral de estructura monoclínica compuesto básicamente por un metasilicato doble de sodio y aluminio, pero generalmente contaminado por la presencia de óxidos y peróxidos de otros minerales, como magnesio, potasio, hierro, cromo, cobre y otros, que determinan una variada gama de tonalidades, que van desde el blanco al gris (cromo y potasio). Las tonalidades verdes son las más frecuentes, con un brillo opaco o traslúcido, pero siempre más transparente que el epodumeno.

El jade, que no se presenta en forma de cristales como el cuarzo o la esmeralda, se extrae comercialmente de grandes vetas formadas por masas de gránulos o agujas aparentemente amorfos que afloran de los terrenos aluvionales, especialmente en Birmania y, en menor cantidad en Nueva Zelandia, el Turkestán y los Alpes italianos.

El epodumeno, llamado también *lapis nefriticus* o *ischiaticus,* está compuesto básicamente por un hidrosilicato doble de calcio y magnesio, al que se le adicionan hierro y cromo. Su cristalización es monoclínica, birrefringente y con un brillo oleoso, menos pronunciado que el del jade. Sus tonalidades pueden oscilar entre el verde, el azul, rojo, rosado u ocre y se encuentra en los terrenos aluvionales próximos al lago Baikal, en Siberia, en Nueva Caledonia, Nueva Zelanda, Turkestán y en menor cantidad cerca de los lagos Lucerna y Constanza, en Suiza.

El jade y el epodumeno se distinguen entre sí por la diferencia de peso específico y de dureza, que hace que el jade sea el preferido por los talladores por ser más fácil de trabajar.

Origen y proyección histórica

El nombre jade proviene originalmente del gaélico *ijada* (piedra), término derivado a su vez del latín *ilia* (ala o flanco), alusivo a su fama de curar los cólicos hepáticos que sufrían los magistrados romanos durante los ágapes y orgías desenfrenadas que protagonizaron durante la decadencia del imperio.

Por otra parte, las tradiciones orientales atribuyen a los dioses la entrega de la primera piedra de jade a un tallador chino, quien labró en ella la figura de un gallo, para obsequiarla a su maestro, como muestra de respeto y agradecimiento. Posteriormente, se fueron agregando nuevas siluetas de animales: un ganso, como símbolo de fidelidad; una mariposa, de amor, una caña de bambú, como augurio de felicidad, etcétera. A Ling Chuang Yen, uno de los últimos emperadores de la dinastía Ming, le fue regalado un xilofón con teclas de jade sostenidas por anillos de oro, del cual se decía que su magia era tan potente, que sólo podía ser tañido por las manos del emperador.

Los jóvenes maoríes, nativos de Nueva Zelanda, tallaban en jade la silueta del dios Tiki, su principal deidad benéfica y, luego de vendar los ojos de la estatuilla, la regalaban a sus seres queridos. Estos debían destapárselos para ser el primero que el dios viera al reabrir sus ojos y, de allí en adelante, Tiki velaría por ellos, aumentando sus cosechas y protegiéndolos contra las enfermedades y las desgracias.

Propiedades físicas, químicas y emocionales

En terapias físicas, el jade previene, como su nombre lo indica, algias hepáticas, estomacales y renales, a la vez que alivia rápidamente los dolores de la ciática. También resulta efectivo contra todo tipo de convulsiones, como la epilepsia, calambres y contracturas, especialmente en forma de gemomedicina.

El jade verde, asociado con el Cuarto Rayo y el chakra del corazón, normaliza la taquicardia, actúa benéficamente (quizás por la presencia de sodio) sobre las disritmias cardíacas y previene los infartos de miocardio. Utilizado como cataplasma alivia las enfermedades oculares, como la conjuntivitis, glaucoma, queratitis, etcétera.

JARGÓN

Características físico-químicas

El jargón es otra variedad del circón, por lo que su composición es la misma, de tono amarronado debido al óxido de zinc.

Origen y proyección histórica

Jargón es una evolución francesa del vocablo zarzún, que provenía de Persia, que era posiblemente el origen de la denominación circón, que significaba dorado. Por lo tanto, tienen las mismas propiedades cualquiera de estos tres cristales, que a su vez es uno solo, diferenciándose por el color, por lo que tiene más de un nombre.

JASPE

Características físico-químicas

Constituye una de las múltiples variedades del cuarzo, con una cristalización ortorrómbica birrefringente y se presenta en colores muy variados (rojo, verde, azul, marrón, amarillo), lisos o veteados, según que las inclusiones en la base silícica sean minerales de hierro, aluminio o carbonatos. En su forma externa es una piedra semitraslúcida, de granulación muy fina y homogénea —lo que permite un pulido muy atractivo— y una forma redondeada debido a que la mayor parte de los yacimientos se encuentran en ríos aluvionales, con fondos rocosos o arenosos, donde los cristales se erosionan rápidamente.

Los principales yacimientos se encuentran en el río Uruguay, en Argentina, el Mississipi (EE.UU.), India, Nepal, Canadá y la región central de Europa.

Propiedades físicas, químicas y emocionales

En el aspecto espiritual, el jaspe está asociado directamente con el valor y la fortaleza de ánimo y de hecho refuerza el cuerpo emocional y en consecuencia la energía mental y espiritual cuando es necesario. Actúa positivamente y con gran energía en los chakras del plexo solar y base, pero debido a la gran variedad de colores que presenta, puede utilizarse en todos los demás, especialmente en una disposición de cuerpo entero, formando cadenas de unión de tonos acordes con los distintos rayos, ligando así todos los puntos energéticos afectados. En este caso armoniza la totalidad de los chakras, logrando un perfecto equilibrio de los cuerpos sutiles y el físico.

En terapias físicas, el jaspe rojo resulta especialmente indicado para el chakra Svadhishthana, donde alivia los trastornos estomacales e intestinales y corrige las afecciones hepatopancreáticas.

JASPE SANGUÍNEO, SANGUINARIA, HELIOTROPO

Características físico-químicas

Aunque algunos autores lo clasifican dentro del grupo de los ágatas, el jaspe sanguíneo, conocido también como sanguinaria o heliotropo, es un cuarzo criptocristalino de base silícica que presenta un atrayente tono verde brillante, traslúcido y estriado o moteado de color rojo sangre, del cual proviene su nombre, ya que se afirma que, sumergido en agua, hace aparecer la imagen del Sol de color sangre.

Los principales yacimientos de este mineral se encuentran en el valle del Ganges, en la India, los Estados Unidos, Brasil, China y Australia. Las minas de Chipre, aunque de baja producción, proporcionan un mineral de extraordinaria calidad.

Origen y proyección histórica

Según Plinio, quien sostiene que la sanguinaria fue utilizada con fines terapéuticos por primera vez por los Atlantes, «...esta piedra preciosa renace en los tiempos modernos en África, en la isla de Chipre y, su color verde puerro está recorrido por un veteado sanguíneo. Su nombre proviene de que, al sumergiría en agua, evoca la imagen del Sol de color de sangre y, fuera de ella se pueden ver los eclipses de ese astro y de la Luna cuando le pasa por delante». También señala que el nombre de la piedra (que él llama heliotropo) proviene de los términos helios (sol) y tropos (afinidad), precisamente por esta cualidad. Alejandro Magno confirma esta propiedad de la piedra, afirmando que «...el heliotropo, untado con el zumo de la planta que lleva su mismo nombre y colocado bajo el agua, permite ver el Sol volverse de sangre y, lo mismo sucede durante los eclipses de Sol y de Luna». Más adelante ofrece una explicación científica del fenómeno: «...sucede que la piedra hace hervir el agua, provocando una pequeña nube que hace que el agua que la rodea se haga más densa, impidiendo así el paso de los rayos del Sol y, haciendo que éste se vea más oscuro. Cuando la nube se disipa, quedan en su lugar gotas de rocío».

Los jaspes sanguíneos suelen alcanzar tamaños considerables. Se asegura que en la catedral de Bingen existía en la Edad Media una sanguinaria tan grande que con ella se intentaba hacer un altar, pero años más tarde la piedra desapareció y no se volvió a saber de ella. No pasó así con una talla de tamaño natural que se encuentra en París y que, simboliza la flagelación de Cristo, en la cual se han utilizado las características manchas rojas de la piedra para simbolizar las manchas de sangre.

Los alquimistas de la Edad Media sostenían que el heliotropo «...macerado con la flor de su mismo nombre y frotado en el cuerpo con la ayuda de ciertas fórmulas secretas, puede hacer invisible a un hombre, a la vez que lo protege contra las picaduras ponzoñosas de insectos y serpientes». Esto parece ser confirmado por Dante, quien en *La Divina Comedia* escribe que en «...en aquel círculo corrían gentes desnudas y aterradas, condenadas a correr eternamente entre serpientes y escorpiones, sin esperanza de encontrar refugio o heliotropo», aludiendo a que no podían hacerse invisibles, ni inmunes al veneno.

Propiedades físicas, químicas y emocionales

La característica combinación de verde (el color curativo por excelencia) y rojo (color de la sangre) de esta piedra, la torna ideal para tratar enfermedades y trastornos relacionados con la sangre, el sistema circulatorio y el sistema cardiovascular, sobre todo combinada con piedras del Cuarto Rayo, como la esmeralda, la malaquita, el cuarzo rosa o la rodocrosita.

La sanguinaria constituye además un excelente limpiador para el cuerpo físico, eliminando desechos del hígado, el bazo y la sangre, especialmente urea y ácido láctico, lo que la hace ideal para la recuperación después de esfuerzos desacostumbrados.

KUNCITA

Características físico-químicas

Químicamente, la kuncita, llamada así en honor a Juan Künchel, químico alemán de fines del siglo XVII, es un compuesto de hidróxido de silicio, arsénico y azufre no cristalizado, cuya superficie rosada y con estrías violáceas presenta estrías longitudinales que recuerdan a la turmalina.

Comercialmente, es una piedra relativamente rara, quizás porque su manifestación al hombre es reciente y aún no le ha llegado la hora de mostrar todo su potencial curativo. Para aquéllos que disfrutan extrayendo personalmente sus cristales, la kuncita puede localizarse en cuevas o minas con filones de rocas magmáticas o sedimentarias, en bloques de cuarzos auríferos o en yacimientos aluvionales, desprendida de los emplazamientos antes mencionados.

Origen y proyección histórica

Como ya se mencionó, dentro del espectro de la gea universal, la kuncita es relativamente poco conocida por el hombre y, si bien pudo haber sido utilizada en la antigüedad, ha sido en tiempos demasiado remotos, o bajo otro nombre y sus aplicaciones se han perdido en la noche de los tiempos.

Con respecto a su reciente reaparición entre nosotros, es obvio que se trata de una de las piedras de la Nueva Era, destinada a cumplir su papel en la preparación de la humanidad, con vistas a la ardua metamorfosis que deberán afrontar en los próximos tiempos aquéllos que realmente decidan abrazar los nuevos horizontes que nos esperan.

Propiedades físicas, químicas y emocionales

Son muy escasos los datos que se poseen con respecto a experiencias con kuncita, pero su delicada transparencia rosa, violeta e índigo simboliza el equilibrio entre la felicidad eufórica y el regocijo sereno. Su capacidad de variar casi mágicamente sus tonalidades demuestra el vertiginoso fluir de su energía, que acrecienta enérgicamente las vibraciones positivas de cualquier elemento del entorno.

La kuncita es, indudablemente una de las principales piedras del chakra del corazón y, su misión aparente, entre los hombres, es la de afirmar y consolidar la fuente de amor hacia uno mismo, sin la cual resultaría inútil pretender desarrollar los sentimientos de amor y afecto hacia los demás que designará la Era de Acuario. Esta fase de la evolución personal requiere la erradicación total del miedo y los bloqueos dogmáticos que atan el corazón a los esquemas nefastos del pasado, así como una sana y serena ansiedad por el futuro.

En el plano de la meditación, la kuncita puede ayudarnos eficazmente a armonizar estados emocionales conflictivos, que pueden desembocar en un trastorno mental grave. Su pálido Rayo Rosado, asociado directamente al chakra Anahata, simboliza la concreción misma de la alegría en pensamiento y emoción: el amor a uno mismo preparado para canalizarse incondicionalmente hacia los que nos rodean, sin prejuicios ni condicionamientos.

A nivel terapéutico, la kuncita ejerce su poder de una forma más sutil que la rodocrosita o la turmalina rosa, ya que cura el cuerpo armonizando el aura. Sin embargo, cabe destacar que se trata de una técnica muy avanzada y poco experimentada aún y, debe encararse con mucha prudencia y tomando conciencia de que el temor a los conceptos caducos y los esquemas arcaicos puede afectar los resultados.

La sutileza y dulzura de la kuncita la hace ideal para niños con problemas de conducta; el suave Rayo Rosa atemperará los impulsos violentos y nocivos generados por lesiones, a los cuerpos sutiles provocadas por vibraciones negativas. Esta protección se extiende también a los niños superdotados, a quienes a veces les resulta difícil convivir con los demás.

LAPISLÁZULI, LAZULITA

Características físico-químicas

Compuesto por una base de bióxido de silicio, el lapislázuli es un mineral altamente complejo, en cuya fórmula entran distintos minerales, como hidróxidos de sodio y aluminio, pirita (mineral de hierro), sodalita, mica y compuestos varios, como anfíboles y piroxenos. Posee un brillo vítreo poco marcado en las piedras pulidas, pero compensado por un hermoso color azul marino, en ocasiones tendente al violeta o al gris y mezclado con zonas blancas o amarillo-doradas. La colocación azul se debe a la presencia de azufre en suspensión coloidal y el dorado a la pirita o, en algunas ocasiones, al oro.

Los yacimientos más importantes se encuentran en Rusia, en la región del lago Baikal, en Siberia, en Chile y en las laderas del Vesubio, aunque en pequeñas cantidades y de difícil explotación. Todas las regiones de extracción de lapislázuli son zonas volcánicas, ya que el mineral tiene su génesis en los fenómenos metamórficos que tienen lugar entre rocas calcáreas y rocas eruptivas.

Origen y proyección histórica

El lapislázuli era ya conocido entre los egipcios hace más de 3.000 años, que lo consagraron a la diosa Isis y lo utilizaban para tallar con él escarabajos sagrados y elementos ornamentales, como las tiaras y pectorales de los faraones y sus preferidas. Estos ornamentos se dividían en dos categorías: los que tallaban en piedras auténticas y eran utilizados por las castas superiores y los que se hacían con polvo prensado de la misma piedra, destinado a personas más humildes.

Los babilonios, persas y sumerios llevaban consigo pendientes de lapislázuli para mantenerse cerca de la divinidad, mientras que los griegos lo consagraron a Venus y los paleocristianos a la Virgen María. Una interpretación curiosa del Antiguo Testamento afirma que las Tablas de la Ley bajadas por Moisés del Monte Sinaí no eran de zafiro, sino de lazulita, al igual que «...el embolsado de zafiro semejante al cielo estrellado», mencionado en el Éxodo (XXV:10).

Durante el Renacimiento italiano, los pintores lo utilizaban mezclado con sustancias oleosas para preparar el célebre color *azul ultramar,* a diferencia del también conocido *azul de Prusia,* que se hacía a partir de la azurita, muy común en Europa.

La diferencia en los términos sugería que la primera de las piedras provenía de lejos, mientras que el azul de Prusia también se conocía como *citramarino,* es decir, «de este lado del mar».

El lapislázuli fue también una de las razones de los viajes de Marco Polo hacia la India, China y el Tibet, hasta que finalmente lo halló a orillas del río Dana Amón, en la región oriental del Afghanistán. Algunos autores sostienen que de allí provienen los términos lapislázuli y lazulita: del persa *lachuard* (zafiro) o del árabe *lazurd,* precursor de las palabras españolas *azur* o *azul.*

Propiedades terapéuticas físicas, químicas y emocionales

En la cristaloterapia actual, el lapislázuli es fundamentalmente un purificador mental y espiritual, que refuerza esos cuerpos sutiles y los alinea entre sí. Colocado sobre el chakra pineal, permite penetrar a través de los bloqueos inconscientes y pone en comunicación la mente consciente con la intuitiva, ayudando a la primera de ellas a buscar por introspección sus propias fuentes energéticas. En este proceso aparecen inevitablemente bloqueos traumáticos, o esquemas dogmáticos que el lapislázuli ayuda a eliminar hacia el exterior, a través del cuerpo etéreo.

Por su color azul, el lapislázuli está indisolublemente ligado con el chakra laríngeo y, enseña el camino de la iluminación, la expresión y la capacidad mental, preparando el camino para la apertura del ojo pineal. Aumenta el poder espiritual y el desarrollo del cuerpo mental, permitiendo a la vez que ese desarrollo se manifieste expresivamente. Con amatista, malaquita y cuarzo rosa o rodocrosita sobre sus chakras correspondientes, crea una sensación real de firmeza y decisión, abriendo un camino, no sólo al conocimiento, sino también a la expresión y comunicación de ese conocimiento.

Dada su relación directa con el Segundo Rayo, una de las virtudes fundamentales del lapislázuli es la de armonizar integralmente los cuerpos sutiles con el cuerpo mental, permitiendo así la limpieza de los pulmones, el bazo y las glándulas de secreción endocrina. Sin embargo, la función específica del lapislázuli es la de penetrar y profundizar, más que curar, por lo que conviene acompañarla con algún cristal curativo (malaquita, cuarzo rosa, rodocrosita, sanguinaria, etc.), acorde con la dolencia a tratar.

MALAQUITA

Características físico-psíquicas

Carbonato básico de cobre $Cu_2(OH)_2CO_3$, monoclínico prismático, de p. e. 4 y dureza 4. En general, se encuentra en masas fibrosoradiadas, arriñonadas o estalactíticas, de un color verde esmeralda que, en sección pulimentada, muestran bandas de distinto color, con brillo vítreo en los cristales y sedoso en las variedades fibrosas. La malaquita está difundida sobre todo como mineral secundario de cobre y constituye a menudo, junto con la azurita, menos común, la ganga de los yacimientos de cobre. La localidad más famosa de extracción es Nizhne Tagilsk, en los Urales, donde se ha encontrado en enormes masas con bandas de bellos colores. Otras localidades famosas son Chessy (Francia), Tsumeb (Namibia) y en regiones de Rodesia, Katanga (Zaire), Australia y EE.UU. Es un buen mineral de cobre y apreciada además como piedra ornamental.

Origen y proyección histórica

En la antigüedad se le bautizó con el nombre de *molochites,* término que aludía al color de la malva, la hierba medicinal y *pavolithos,* es decir, piedra del pavo real, por la similitud cromática entre las plumas del cuello del ave y el cristal.

También los romanos valoraban mucho la malaquita como adorno y además solían colocarla sobre el ombligo de las parturientas para aliviar los dolores del parto, sobre los ojos para curar enfermedades oculares como el glaucoma y las cataratas y como talismán para protegerse del rayo, las caídas y los accidentes.

Un texto de medicina centroeuropea de autor anónimo, del siglo XVIII, afirma que «...una dosis de seis gramos de polvo de malaquita es purga y vomitivo; de diez, reduce los males de la respiración, cura las heridas, los cólicos y las convulsiones y alivia el espesor de la sangre». También se le otorgaba el don de librar a quien la llevaba colgada de su pecho, en contacto con la piel, de la tan temida peste, azote de la humanidad durante siglos.

Propiedades terapéuticas físicas, químicas y emocionales

Debido a su color verde, la malaquita es, junto al jaspe sanguíneo, una de las piedras curativas por excelencia, pero a diferencia de éste, ejerce su influencia en forma más general, por lo que conviene acompañarla de una piedra que oriente sus fuertes propiedades terapéuticas. Sus vetas siempre cambiantes constituyen un símbolo de evolución y creatividad, por lo que usada sola actúa sobre el sistema nervioso, como armonizadora de los desequilibrios emocionales.

En meditación, combinada con sus incondicionales aliadas, la crisocola y la azurita, permite alcanzar altos niveles de concentración, pero después de cada sesión es necesario limpiarla cuidadosamente, ya que su poder de absorción de energías negativas es demasiado elevado. La mejor manera de purificarla y recargarla es dejarla dentro de una gran drusa de cuarzo hialino o amatista, durante no menos de 6 horas y luego otro tanto por el método del sol y el agua. Se recomienda no utilizar sal marina si no es en solución, ya que se trata de un mineral blando y puede rayarse con relativa facilidad.

Para quienes estén pasando, consciente o inconscientemente, por un proceso de purificación, la malaquita les permite actuar como un eliminador de desechos emocionales y espirituales, liberando al cuerpo etéreo de todo lo que deba descartarse. Esta limpieza la hace indispensable cuando se han sacado a la luz ciertos bloqueos infantiles o traumáticos y, es preciso deshacerse de ellos.

Su color verde oscuro, denso y opaco, simboliza el color de la curación, ya que absorbe la energía en lugar de transmitirla o canalizarla. Por lo tanto, resulta ideal para aplicar localmente en áreas congestionadas o doloridas, a fin de atraer las causas físicas y psíquicas intrínsecas de la dolencia y, así poder liberar de ellas a los cuerpos físico y mental.

El diseño de los círculos y rayas de la malaquita adopta un rol fundamental en su aplicación, ya que determina el mensaje y el propósito de ese ejemplar en particular. Un cabujón que presente dos series de medios círculos en forma de una X curva, por ejemplo, podría actuar en forma de embudo para concentrar sobre un chakra determinado un flujo energético que ingrese por sus extremos abiertos; asimismo, una serie de óvalos concéntricos, puede representar la apertura del ojo pineal, si lo colocamos sobre el chakra Sahasrata. Sin embargo, a veces no es tan sencillo puntualizar los efectos de un diseño dado; en estos casos, lo más indicado es colocar la piedra sobre el chakra de la corona, y seguir las indicaciones que ella misma nos dé, basándonos en la intuición.

Como se mencó anteriormente, la malaquita, como piedra esencialmente curativa, resulta la compañera ideal para la azurita, el lapislázuli y la crisocola, ya que ambas, con sus distintos matices de azul, tienen plena capacidad para enviar hacia ella la energía del Quinto y Sexto Rayos, que al interferir positivamente con la frecuencia del verde de la malaquita crean un escudo protector contra cualquier energía negativa del exterior, pero permitiendo que los cuerpos se mantengan perfectamente permeables a las positivas. En el capitulo sobre las disposiciones terapéuticas se mencionan las posibilidades de combinación de estos cristales.

OBSIDIANA

Características físico-psíquicas

A veces confundida con los cuarzos ahumados muy oscuros, la obsidiana no es en realidad un cristal en la acepción exacta de la palabra, sino un feldespato silícico de aluminio anhidro, vitrificado por la acción de fenómenos volcánicos, bajo condiciones de alta presión y temperatura. Se trata, en definitiva, de una roca eruptiva, cuyo color negro, de brillo vítreo una vez pulida, es junto con el del azabache, uno de los más profundos entre todos los conocidos en la naturaleza.

Los yacimientos de obsidiana más fructíferos son quizás los del geosinclinal andino, sobre las vertientes argentinas, que se extienden, aunque no con el mismo rendimiento, hasta el norte de las montañas Rocosas, geológicamente unidas a los Andes; en otros puntos, también pueden mencionarse como importantes los de la isla de Lipari y los de los faldeos orientales de los Urales, en la región de Siberia.

Origen y proyección histórica

El nombre obsidiana proviene del latín *obsidianus* (de Obsius), como mención a un centurión romano que por primera vez la trajo desde Etiopía, aunque Plinio la mencionaba en sus escritos como *obsianus lapis* (la piedra de Obsius). En su tratado *Ad Lithicum,* (siglo IV d.C.), Plinio menciona una curiosa bebida, cuyos «...poderes mágicos permiten ver el origen de todas las cosas. Se mezcla polvo de obsidiana, talco, mirra y lágrimas de resina de pino petrificada —ámbar— con vino tinto y se bebe antes de conciliar el sueño».

Los aztecas, legendarios guerreros de Norte y Centroamérica, emplearon la obsidiana para fabricar las armas con que heroicamente pretendieron oponerse a la invasión española, encabezada por Hernán Cortés.

Más al sur, en las regiones andinas de Chile y Argentina, los tehuelches, puelches, mapuches, onas y otras tribus utilizaron la obsidiana como hojas de cuchillos y puntas de flechas y de lanza, llegando a depender de tal forma de este mineral, que llevaban consigo piedras en bruto para labrar más armas a medida que las necesitaban. Esto se ha comprobado al encontrarse puntas y hojas de obsidiana, así como las esquirlas que se producían al tallarlas, en sitios arqueológicos tan apartados de la cordillera como la costa atlántica de la provincia de Buenos Aires (Miramar, Mar del Sur, Centinela del Mar, Necochea, Tres Arroyos, etc.) y de las provincias de Chubut y Santa Cruz (Caleta Olivia, Golfo Nuevo, Golfo San Javier, etc.).

Propiedades terapéuticas físicas, químicas y emocionales

Junto con el cuarzo ahumado, la obsidiana es uno de los Cristales Mentores Esenciales entre las piedras de la Nueva Era, pero su poder para guiar el cuerpo mental a través de las zonas más oscuras del subconsciente, la convierte en una piedra reservada para personas emocionalmente maduras y con cierto conocimiento de experiencias superiores. Por ello, sólo debe emplearse una vez que se ha tomado una clara conciencia de la extensión y profundidad de sus poderes y de que sus enseñanzas pueden incorporarse en su totalidad, ya que el cambio radical que exige del individuo puede exceder nuestra capacidad de asimilación.

La enseñanza más importante que aporta la obsidiana es el verdadero significado del color negro, como antítesis del blanco; mientras que el blanco es la suma de todos los colores y, por consiguiente, de todos los Rayos, el negro es lo oscuro, lo desconocido, lo que no vemos ni podemos interpretar. Tanto el blanco como el negro contienen todos los colores, pero el primero lo transmite, mientras que el segundo los absorbe. Esta propiedad de la obsidiana nos permite ponernos en contacto con nuestras experiencias más profundas y negativas y absorberlas para luego expulsarías a través de los cuerpos sutiles. Sin embargo, para poder lograr este propósito, durante el proceso es preciso tomar conciencia de estas experiencias y, éste es el más duro de los confrontamientos que el ser humano puede afrontar.

De acuerdo con las teorías astrofísicas, los agujeros negros son cuerpos celestes de tanta densidad, que la energía que los rodea, sea el tipo que sea, no puede escapar a su atracción, e involuciona indefectiblemente hacia su interior, asolando y devastando toda vibración que se encuentre dentro de su radio de acción.

Según algunos predictores de la Edad de Acuario, esta hipótesis puede asimilarse perfectamente a la trayectoria del ser humano sobre la Tierra: el hombre succionando la Luz y haciendo que el vacío a su alrededor se torne cada vez más extenso y más profundo. La única posibilidad de romper con este status es hacer entender a ese «agujero negro» que la luz debe y puede ser compartida por todos. La obsidiana es, precisamente, el instrumento que nos muestra que el agujero negro interior no es más que la suma de nuestros egoísmos y, los miedos ancestrales al conocimiento, que nos conducen hacia nuestra autodestrucción. Es el Maestro que nos liberará de ese yugo, enseñándonos de qué modo podemos utilizar la Luz Blanca, en nuestro beneficio y en el de los que nos rodean.

Si bien la obsidiana negra está íntimamente asociada al chakra base, puede utilizarse en aplicaciones en otros puntos, obteniéndose resultados más favorables si se la rodea con pequeños cristales de cuarzo hialino, ya que éstos polarizan su intensidad, canalizando hacia el exterior los residuos físicos, psíquicos y emocionales. Aplicada sobre la ingle o el ombligo canaliza hacia el cuerpo físico la energía curativa de los chakras superiores.

OBSIDIANA «COPO DE NIEVE»

Características físico-psíquicas

La obsidiana «copo de nieve» recibe su nombre de pequeñas manchas blancas o grisáceas que aparecen sobre su fondo negro, debidas a pequeñas incrustaciones de hidróxido de bario incorporadas durante su formación. Su composición básica, idéntica a la de la obsidiana negra, es un feldespato silícico de origen volcánico, de brillo vítreo cuando se pule.

Este nuevo cristal, manifestado al hombre hace relativamente poco tiempo, razón por la cual aún no se tienen demasiadas precisiones sobre él, se descubrió por primera vez en las estribaciones del norte de las montañas Rocosas, en el estado de Utah, EE.UU.

Propiedades terapéuticas físicas, químicas y emocionales

Al igual que su homónima negra, la obsidiana copo de nieve ha sido indicada por muchos especialistas en la materia, como la piedra destinada a convertirse en uno de los Cristales Mentores Esenciales de la Nueva Era de Acuario, quizás superando a la primera.

Dada su reciente aparición en la Gea mundial, no es mucho lo que se ha experimentado con ella, pero sí lo suficiente como para haberse comprobado que sus facultades se extienden aún más allá que las de la negra, obviamente debido a la inclusión del Rayo Blanco en su espectro energético.

Con ambos extremos del espectro, el blanco y el negro, en su gama cromática y sin ninguna tonalidad intermedia, la obsidiana copo de nieve simboliza la esencia de los contrastes vitales: día y noche, luz y sombra, bien y mal, femenino y masculino, Ying y Yang. El negro (las áreas más amplias) absorbe las energías nocivas que invaden nuestros cuerpos sutiles y los puntos blancos representan la pureza atrapada detrás de esas vibraciones tenebrosas y la luz que alumbrará nuestro camino hacia la plenitud de los Siete Rayos.

Por todas estas causas, la obsidiana copo de nieve es quizás una de las gemas más buscadas por los gemoterapeutas avanzados, por lo que cabe suponer que en los próximos años ampliará sus manifestaciones al hombre, apareciendo más yacimientos para que más personas puedan gozar de sus virtudes.

OJO DE TIGRE

Características físico-psíquicas

Se trata de un cristal de la familia del cuarzo, a cuya composición básica se suman vestigios de crocidolita, un mineral de asbesto que, dispuesto en forma de franjas rectas o curvas, le otorga su aspecto característico, de donde proviene su nombre. Su color preponderante es el marrón, desde claro a oscuro, con vetas amarillo-doradas, concéntricas o paralelas; en algunos ejemplares pulidos, la semejanza con un ojo es tan grande, que parecen verdaderos ojos petrificados.

Los yacimientos de ojos de tigre más rentables se encuentran casi todos en el continente africano, en las regiones del Transvaal, en Sudáfrica y en los estados de Mozambique, Lesotho y Botswana. Uno de los canales de comercialización más importantes es la joyería, donde se eligen las piezas más similares a ojos para tallarías en forma de cabujones o gotas, dejando el resto para ser pulido por tumbling con destino a colgantes y dijes.

Origen y proyección histórica

Aunque no se precisan sus orígenes, ni las primeras etapas de su manifestación al hombre, el ojo de tigre ha sido llevado desde tiempos muy remotos para prevenir las enfermedades de la vista y especialmente el mal de ojo, para el cual constituyó siempre el talismán ideal. En la antigua India, las madres colgaban una pequeña sarda sobre la frente de los niños pequeños, para evitar esta última contingencia.

Propiedades terapéuticas físicas, químicas y emocionales

En la actualidad, la gemoterapia moderna utiliza el ojo de tigre, directamente asociado con el sol, para activar el chakra de la corona, regido por el Rayo Dorado. En esa disposición, protege a quien lo lleve de vibraciones nocivas externas, tanto provenientes de circunstancias adversas, como de otras personas o cosas.

La apariencia mutable de este cristal, que se ve diferente según el ángulo desde el que se le mire, despierta o acrecienta en quien usa la facultad de la «polividencia», es decir, la potencialidad de analizar u observar situaciones o circunstancias desde diferentes puntos de vista. Esto desemboca directamente en un fortalecimiento de la autoestima y la seguridad interior.

La propiedad más relevante del ojo de tigre es su propiedad de canalizar alternativa y simultáneamente las energías de dos colores distintos, pero esenciales para el desarrollo humano: la del marrón, su color base, que evoca la imagen de la Tierra, sólida, firme e inmutable y la del Sol, el Rayo Dorado asimilado al chakra de la corona. Esta sublimación de energías permite al ojo de tigre, por ejemplo, arraigar sólidamente en los cuerpos sutiles, el resplandor dorado de la conciencia, emitido por Sahasrata. El ojo de tigre es esencialmente un cristal de chakra umbilical, como el citrino o el topacio, aunque más sujeto a lo terrenal, por el color marrón. Resulta ideal para aplicar a personas de gran potencialidad creativa, tanto espiritual como intelectual, pero que carecen de facilidad para concentrarla en la práctica.

En la faz terapéutica, el ojo de tigre es particularmente indicado para calmar la ansiedad, con lo cual corrige rápidamente las alteraciones del sistema nervioso, así como también distintos trastornos del aparato digestivo ocasionados por problemas nerviosos.

ÓNICE, ÓNIX

Características físico-psíquicas

A pesar de tener la misma raíz etimológica y de que muchas veces se utiliza erróneamente, no debe confundirse este término con el de *ónix,* empleado para definir un tipo de mármol veteado y de distintas tonalidades, originario del centro de Europa.

El mineral que nos ocupa es un ágata listada, de la familia de las calcedonias, de colores muy variables, aunque generalmente con una base negra, marrón oscuro o verdosa, con estrías paralelas más claras, verdes, amarillas, doradas o blancas, usualmente muy estratificadas. Su estructura es la de un silicato anhidro, de estructura cristalina ortorrómbica, extremadamente dura, lo que le confiere un brillo vítreo muy agradable.

Origen y proyección histórica

Existen dudas sobre si el término ónice proviene del hebreo *schoam* (uña), o del griego *lapus onyx* (literalmente, piedra-uña), pero las leyendas helénicas atribuyen su origen a que «...Eros había roto con una de sus flechas una uña de Afrodita mientras dormía y la había arrojado al agua; pero como ni siquiera el más mínimo fragmento del cuerpo de un inmortal puede morir, las Parcas la transformaron en piedra y así continuó viviendo, creciendo y reproduciéndose...»

Lo cierto es que en la antigüedad el ónice era muy apreciado, pero con el correr del tiempo su fama sufrió una dicotomía notable: los romanos fabricaban con él prendedores, sellos y pendientes grabados con los signos del Zodíaco, usándolos como talismanes, mientras que en la Edad Media, tal vez por la influencia árabe, el ónice se convirtió en un pregonero de la desgracia, la pobreza y la mala suerte. Finalmente, fue rehabilitado en la Inglaterra del siglo XV, donde se utilizaba como un amuleto contra los terrores nocturnos y los malos espíritus.

Las opiniones sobre las virtudes y propiedades del ónice estuvieron siempre muy polarizadas: mientras que la tradición positiva la ve como la piedra por excelencia para combatir la melancolía, extinguir las pasiones funestas, combatir los malos sueños y las alucinaciones e infundir pensamientos elevados, para Alejandro Magno, el ónice «...puede causar dolor y vértigo, despertar terrores nocturnos, fantasías horribles y sembrar la discordia entre amigos y familiares. Llevado junto al cuerpo, provoca pesadez, tristeza, pesadillas, abortos y partos prematuros...»

Mandeville, en cambio, opta por un ambiguo término medio: «...es cierto que el ónix atrae a los espíritus y los demonios, pero a cambio otorga el valor necesario para enfrentarlos...»

Propiedades terapéuticas físicas, químicas y emocionales

A pesar de las opiniones encontradas de la antigüedad, la mayoría de los investigadores sobre gemofarmacopea moderna coinciden en la opinión de que el ónice resulta indicado como anticonvulsivo, antiepiléptico, antitusivo, tónico, fortificante y emoliente. Paralelamente, aplicado en forma local, acelera la cicatrización de llagas y heridas y cura las enfermedades oculares, incluidas las internas.

ÓPALO

Características físico-psíquicas

El ópalo es un cuarzo compuesto por un anhídrido silícico hidratado, con una proporción de entre un 3 y un 9% de agua que, por tratarse de una sustancia coloidal, carece de estructura cristalina, es decir, que constituye un mineral amorfo y sin forma externa predeterminada.

Por lo general, aparece en depósitos a baja temperatura en torno a fuentes termales, bajo el aspecto de incrustaciones mamilares, reniformes o estalactíticas en rocas sedimentarias o eruptivas. Ópticamente es monorrefringente (sólo ocasionalmente presenta doble refringencia), de brillo resinoso o céreo muy particular, que dio origen al término *opalescencia;* únicamente la variedad llamada hialita, u ópalo noble, es perfectamente transparente. Su color oscila entre el incoloro, entre las variedades más puras y el marrón oscuro, pasando por tonos de amarillo, blanco lechoso, amarillo, verde, anaranjado y ocre, en algunos casos veteado, pero por lo general liso.

Existen diversas variedades y subespecies, de acuerdo con las inclusiones minerales en el anhídrido silícico base. Las más conocidas y apreciadas en joyería son: *ópalo de fuego,* originario de México, que como su nombre indica, es de color rojo fuego, con una opalescencia muy especial; el *ópalo noble,* blanco-lechoso y transparente, muy buscado en joyería y el *ópalo arlequín,* el cual, debido a la presencia de varios minerales en su composición, adopta un color gris claro como base, con máculas de distintos colores que recuerdan el traje del célebre personaje.

Los yacimientos más importantes se encuentran en Australia, México, Checoslovaquia, Alemania y norte de Inglaterra.

Origen y proyección histórica

Desde sus primeros contactos con el hombre, el ópalo ha sido una de las piedras más misteriosas. Su nombre tiene como raíz el término latino *opalus,* derivado a su vez del sánscrito *upsala* (piedra hermosa). Según las leyendas hindúes registradas por los Vedas, «...el Eterno supo que una mujer terrena era simultáneamente deseada por tres dioses: Brahma, Sihva y Visng por lo que la transformó en una hermosa nube. Entonces el primero de los dioses le concedió el color azul del cielo despejado; el segundo el cálido rojo de las llamas y el tercero el resplandor cegador del Sol; finalmente, el Eterno le otorgó la consistencia del upsala».

En su tratado *Ad Lithicum,* Plinio define al ópalo con el poético nombre de «...gota de lluvia aprisionada» y dice de él que «...posee un fuego más dulce que el carbúnculo (granate) la purpúrea belleza de la amatista y el verdemar de la esmeralda. En él todas las joyas brillan juntas, en una increíble unión».

Los griegos llamaban al ópalo *pederota,* asociándolo con el amor de los niños *(paidos eros)* y fue la joya que Marco Antonio regaló a Cleopatra como prenda de su amor.

Propiedades terapéuticas físicas, químicas y emocionales

En la gemoterapia física moderna, el ópalo es el remedio irreemplazable contra las afecciones oculares, como la conjuntivitis, queratitis, glaucoma, cataratas, etc., a la vez que mejora la visión en casos de miopía, astigmatismo o presbicia. El ópalo de fuego, aplicado sobre el chakra cardíaco, protege contra los problemas cardíacos, especialmente las disritmias, infartos y síncopes.

El misterio del ópalo reside en su actitud cambiante y huidiza, que hace que no siempre podamos comprenderlo de primera intención. Esta cualidad se pone de manifiesto cuando lo observamos desde distintos ángulos y vemos las distintas profundidades cromáticas que nos muestra, lo que hace que nos perdamos en su contemplación.

Los ópalos nobles contienen una gran proporción de agua, por lo que actúan sobre el cuerpo emocional en las aplicaciones de cuerpo entero o, cuando se sostienen en la mano durante la meditación, pero a causa de su carácter cambiante, sólo pueden trabajar con éxito con ellos las personas emotivamente equilibradas, es decir, aquéllas cuyos cuerpos sutiles se encuentren perfectamente alineados. Esto se debe a que el ópalo amplifica el estado anímico predominante en el momento. Si la persona, por ejemplo, se encuentra dominada por el dolor, la inseguridad o la depresión, estas emociones se verán incrementadas, quizás hasta el punto de desequilibrar los cuerpos sutiles.

Por el contrario, si la persona se encuentra serena interiormente y goza de paz interior, el ópalo la elevará hasta ponerla en contacto con su Yo Superior.

PERLA

Características físico-psíquicas

Si bien en la antigüedad se la consideraba una piedra, guiándose por su apariencia, en la actualidad se conoce positivamente su génesis y su procedencia. Se trata de una sucesión de estratos sucesivos de un producto calcáreo, denominado *nácar,* que algunas variedades de ostras segregan como protección contra parásitos o partículas irritantes que se introducen accidentalmente (o por obra del hombre) en su caparazón. Estos moluscos, de los cuales el más explotado es la *ostrea pinctada,* se conocen genéricamente bajo el nombre de madreperlas, ostras perlíferas o margaritíferas y se encuentran en la mayoría de los mares cálidos, exceptuando la ostrea unio, que habita en aguas dulces.

La composición química de la perla es similar a la de la sustancia que recubre el caparazón por el interior y, aísla térmica y mecánicamente el cuerpo de la ostra: un carbonato cálcico en suspensión en una serie de materias albuminoideas segregadas por el manto del animal que, al secarse estas últimas, se transforman en un compuesto inorgánico, de consistencia sólida y colores opalinos, que van desde el blanco y el gris hasta el negro, pasando por tonos de amarillo, rosa, azul y verdoso. El elevado costo de las perlas como objetos de adorno disminuye en relación directa con su tamaño y sus defectos, como ser el «oriente» (el brillo opalescente característico de las perlas), la escasez de peso o las malformaciones. Una de las particularidades más originales de las perlas es que se comportan, y muchos autores sostienen que lo están, como un ser vivo, que pasa por sus correspondientes etapas de niñez, juventud, madurez, vejez y, finalmente, la muerte. Estas etapas tienen diversas duraciones y, curiosamente, su deterioro se acelera si no se las usa: una perla guardada en una caja oscura se ennegrece y muere en pocos años; es como si hubieran sido creadas para permanecer en contacto con el hombre.

El máximo tamaño conocido en una perla fue el de un ejemplar ovalado, de 24 x 13 cm, encontrado dentro de una *Tridacna gigas,* el mayor molusco viviente, original de Australia y Tasmania, cuyas valvas solían utilizarse en las iglesias como pilas para agua bendita. Con respecto a la forma, la más extraña es quizás la Cruz del Sur, una serie de nueve perlas unidas naturalmente en forma de una cruz cristiana. Sin embargo, ya desde tiempos muy remotos, el hombre ha introducido en ostras diversas figuras talladas, que al cubrirse de nácar se convertían en dijes o pendientes ornamentales. No obstante, estas joyas no tenían el valor de verdaderas perlas, ya que el recubrimiento debía ser forzosamente muy delgado, para que no se perdiera la forma original y, en consecuencia, el oriente no era demasiado pronunciado. En la actualidad existen grandes criaderos de perlas, donde las ostras se encuentran alojadas en canastas suspendidas de grandes armazones flotantes. Allí se les introducen periódicamente elementos irritantes, como granos de arena, o esferillas de vidrio, para luego cosechar las perlas al cabo de algunos años. Este proceso produce las llamadas *perlas cultivadas,* cuyo valor se acrecienta cuanto más tiempo permanecen dentro de la concha.

Origen y proyección histórica

Los historiadores antiguos que se han ocupado de las perlas, como Plinio o Arístipo, no han logrado ponerse de acuerdo respecto al origen del nombre: el primero de ellos lo considera derivado de *perna* (nombre de una de las variedades de moluscos que las producen), mientras que el segundo lo adjudica a la deformación del término *pirula,* diminutivo de pera. Los griegos la conocían como *margarita,* sucesión del sánscrito *mangara,* piedra preciosa.

Ya desde los tiempos más remotos se utilizó el polvo de perlas contra diversas enfermedades: los chinos lo empleaban diluido en agua contra los dolores de estómago; los romanos de las primeras épocas, contra la locura, la enfermedad lunar (epilepsia) y los síncopes. Avicena, médico y filósofo persa, la recomienda, alrededor del año 1000 d.C., en su célebre *Canon de la medicina* como un eficaz remedio contra las enfermedades oculares, como el glaucoma, la conjuntivitis, cataratas, etc. También servía para curar las caries y como blanqueador para los dientes amarillos.

Una antigua receta del medioevo holandés transmite una exótica y costosa receta utilizada como tónico y fortificante general: «...se toman cinco perlas, lavadas en agua de melisa, clavel, rosa y viola matronalis (salvia oficinalis) y se las aplasta sobre una mesa de mármol alabastrino, humedeciéndolas en alcohol hasta que ya no puedan percibirse al tacto. Se agregan a 120 gramos de esta pasta, 40 granos de piedra benzoar, 6 de hueso de corazón de ciervo, 3 de cuerno del mismo animal, 10 de cuerno de unicornio, y se deja secar; el polvo resultante se ha de administrar al enfermo dos veces en el día, en dosis de alrededor de 36 gramos».

En el lenguaje simbólico de las primeras épocas de la cristiandad, la perla significaba la pureza, la humildad, el temor a Dios y la consagración a Él, hasta tal punto que en la Edad Media aparece frecuentemente en las vestiduras de las órdenes sacerdotales mayores. También se la relaciona con el dolor del nacimiento, la mujer y la Luna, por lo que durante mucho tiempo se la consideró un elemento esencial en la farmacopea mágica relacionada con el parto. En Asia se utilizó como un poderoso talismán para la fecundidad femenina, por considerársela hija de la ostra, con su marcada analogía con la vulva o vagina.

Propiedades terapéuticas físicas, químicas y emocionales

Relacionada con la Luna y, por lo tanto con lo femenino, la perla tiene distintas aplicaciones en gemoterapia, al igual que la mayoría de los cristales que presentan diferentes tonos cromáticos. Sin embargo, la más utilizada es la perla blanca, ya que posee la cualidad de elevar espiritualmente al que medita con ella, armonizando el cuerpo espiritual con el etéreo y el emocional, alcanzando sorprendentes niveles de equilibrio.

La perla tiene asimismo la propiedad de absorber negatividades propias y ajenas, permitiéndonos conectar con planos superiores de la realidad, que usualmente no podrían alcanzarse sin ella. Durante las sesiones prolongadas, invita a desarrollar métodos cada vez más perfeccionados de dominar las emociones violentas, siempre en una forma ecuánime y serena, eliminando sin alteraciones emocionales los esquemas emocionales anacrónicos, perimidos o bloqueantes.

Físicamente, ayuda principalmente en las afecciones menstruales, como la dismenorrea, amenorrea y hormonal de la mujer. Sin embargo, también ayuda al hombre a manejar el aspecto femenino de su naturaleza, con frecuencia nocivamente sojuzgado y negado por su componente masculina. Cuando el hombre vive la experiencia de meditar con una perla blanca, su esencia entra a formar parte de su naturaleza, neutralizando el miedo a sentir y, permitiéndole manifestarse a sí mismo y a los demás todas sus emociones, afectos y temores ocultos.

RUBÍ

Características físico-psíquicas

El rubí pertenece a la familia de los corindones hiálicos (ver corindón) y, como tal, su composición es la de un anhídrido de aluminio, con inclusiones a nivel de impurezas de óxido de hierro y cromo, que le dan su color carmesí. Cuando las trazas de cromo están reemplazadas por titanio, se trata de un zafiro. Además, presenta con frecuencia otras inclusiones sólidas o gaseosas, como mica, rutilo, nitrógeno, etc. que, a diferencia de otras piedras preciosas, le agregan valor, en vez de quitárselo, ya que son la única forma de diferenciarlo de las imitaciones.

Su cristalización dentro del sistema rómbico, en prismas hexagonales, de doble refringencia y monoaxial, tiene un índice de refracción muy elevado, aunque su irisación no alcanza el juego cromático del diamante. Su gama total oscila desde el naranja-rojizo al violáceo, algunas veces con reflejos azules o marrones, pero el tipo más valioso es el rojo carmín, intenso y transparente. El policroísmo es muy elevado y, esto debe tenerse en cuenta cuando se talla, ya que los tonos de rojo varían cuando los rayos luminosos pasan por la base o por las facetas laterales. Su dureza, si bien no alcanza la del diamante, es considerable (8,7 en la escala de Moss), por lo que adquiere un hermoso brillo cuando se lo pule.

Los yacimientos más importantes se encuentran en los fondos fluviales aluvionales o en cuevas, incluidos en vetas de rocas magmáticas, generalmente asociados al zafiro, circón, corindón y turmalina negra. Los rubíes más buscados aparecen en los yacimientos de rocas calcáreas dolomíticas de Birmania, pero también se extraen, aunque de inferior calidad, en Tailandia (más pálidos y amarillentos), en las explotaciones auríferas y diamantíferas de Sudáfrica, Madagascar, Australia y Tasmania y en los yacimientos de esmeraldas de Brasil y Colombia.

Origen y proyección histórica

La gran mayoría de autores de la antigüedad coincide en que el origen del nombre rubí deriva del latín *ruber* (rojo), pero se lo catalogaba erróneamente en la familia de los carbúnculos que englobaba a los granates, jacintos, circones y espinelas. La palabra hebrea que designa tradicionalmente al rubí es *hofech,* mientras que en sánscrito se denomina *ratnayaka* (gota de sangre del corazón de la madre Tierra).

Los antiguos códices islámicos hablan de un rubí que tenía el poder de provocar la invisibilidad y proteger de las calamidades y las heridas. Luego, ennegrecida por los pecados humanos, se transformó en la *kaaba,* la piedra negra adorada por los mahometanos.

Bajo el nombre de *apiroto* (invulnerable al fuego), los griegos consagraron el rubí a Apolo, quien entregó una de estas piedras a la ninfa Heraclea, y curó con ella a un pájaro herido, reemplazándole el corazón partido por una flecha.

También la religión cristiana adoptó el rubí como símbolo del triunfo del espíritu sobre la materia, la alegría de vivir en plenitud y la pureza y lo identifica con las imágenes de Jesucristo y de San Pedro.

Propiedades terapéuticas físicas, químicas y emocionales

El color carmesí del rubí representa la energía positiva por excelencia, sobre todo aplicada al chakra del corazón, aunque puede aplicarse sobre cualquier otro punto energético.

En el aspecto emotivo proporciona seguridad interna, a la vez que simboliza el amor puro, pero fuerte y apasionado. Aporta paz y serenidad, cura el insomnio y fortifica la memoria.

En terapias físicas, utilizado de acuerdo con su color, constituye un excelente estimulante del apetito, vigoriza y tonifica el organismo (especialmente en casos de anemia y anorexia), regula el ritmo cardíaco y la tensión arterial y activa el sistema inmunológico.

SARDA, SARDÓNICE

Características físico-psíquicas

Siendo muy similares en su composición química, ambos minerales constituyen una variedad de ágata listada, de color marrón en su base, con vetas amarillas el primero y rojo oscuro, con vetas amarillas o blancas, el segundo. Las diferencias de tonalidades se deben a la inclusión de cromo, en la sarda y de óxido de hierro en el sardónice, que también presenta vestigios de calcedonia (ónice, de allí su nombre) en su composición.

Propiedades terapéuticas físicas, químicas y emocionales

Armoniza el cuerpo espiritual con el cuerpo emocional y abre las perspectivas para canalizar positivamente la creatividad, orientándola hacia una posición práctica y lucrativa, de modo que permite la convivencia del genio con las necesidades cotidianas.

Aunque no se trata de una piedra netamente curativa, utilizada sobre el chakra abdominal ayuda en los casos de diabetes y, en general en toda alteración grave de las curvas de glucemia.

SELENITA, PIEDRA LUNAR, ADULARIA

Características físico-psíquicas

Llamada también ojo de pez u ojo de lobo, su composición química es la de un feldespato (silicato múltiple de aluminio, potasio, sodio y calcio) de color blancuzco opalino, cristalizado en el sistema monoclínico, birrefringente y biaxial. Su escasa dureza no permite un pulido acabado, por lo que no alcanza precios importantes en el mercado de las joyas, ya que, además, se raya muy fácilmente. Los yacimientos más importantes se encuentran en Sri Lanka, Australia, Estados Unidos, Brasil y Colombia, pero los de mayor calidad están en los Alpes tiroleses.

Como particularidad, la selenita presenta un fenómeno óptico denominado adularescencia, que consiste en una serie de reflejos nacarados de efecto lunar, que le valieron su nombre; dado que este efecto se aprecia únicamente cuando los rayos de luz pasan en cierto ángulo a través del plano de clivaje, la adularia sólo puede ser tallada en forma de cabujones, generalmente redondos.

Origen y proyección histórica

No es fácil detectar la correspondencia entre la selenita y las piedras mencionadas por los autores antiguos —tal vez porque ha sido esquiva con el nombre hasta hace relativamente poco tiempo—; Plinio la menciona como *asteria,* diciendo de ella que «...trasluce, en un brillo de miel, la imagen de la Luna —añadiendo que— es una joya recubierta de una extraña pátina plateada, en la que Selene muestra su hermoso cuerpo creciente o menguante...». Algunos autores griegos, por su parte, la asimilan a la mítica *Solis gemma,* llamada también *astrio,* o *astrobolon,* que concedía el don de la belleza a las mujeres que la usaban.

En un texto del siglo XVI se designa bajo el nombre de adularia una gema que «...justo en el novilunio (conjunción del Sol y la Luna) aparece un diminuto grano oscuro en la parte superior de la piedra, que con el correr de los días se hace más y más brillante, moviéndose hacia abajo y creciendo de tamaño, con una forma igual a la de la luna creciente. Al llegar al centro de la curvatura es redondo y de brillo plateado, como la luna en plenilunio, para luego decrecer con la forma del cuarto menguante».

Propiedades terapéuticas físicas, químicas y emocionales

Estrechamente vinculada a la Luna, esta piedra muestra un carácter netamente femenino y acuático, por lo que propende a facilitar todo lo relacionado con la meditación, el sueño, la memoria y los poderes de telepatía y clarividencia.

La selenita, al igual que la perla, contribuye a serenar las reacciones emotivas violentas, permitiéndose así alcanzar planos más elevados de la realidad, e incorporarlos a nuestra conciencia . En el plano subconsciente forma excelentes combinaciones con la malaquita, ya que mientras esta última elimina los bloqueos provocados por esquemas anacrónicos, la adularia calma los estados emocionales emergentes del proceso de cura.

Es la piedra ideal para la meditación, para aquellas personas apocadas o temerosas, pero que buscan denodadamente un desarrollo armónico entre el cuerpo físico y los cuerpos sutiles. Se utiliza fundamentalmente en los chakras base y plexo solar. Sin embargo, el blanco es también la frecuencia cromática asociada con el chakra de la corona, por la cual la selenita puede usarse sobre él para energizar los centros curativos más elevados, aunque no reviste tanta eficacia en los cuerpos sutiles más densos.

SODALITA

Características físico-psíquicas

Su característico color azul, producto del sulfato de cobre incluido en la base silícica, se encuentra veteado por estrías blancas, que indican la presencia de hidróxidos de sodio y potasio. Los principales yacimientos se encuentran en Canadá y Brasil.

Origen y proyección histórica

Si bien es posible que en la antigüedad se la confundiera con la azurita, o el lapsilázuli de calidad menor, prácticamente no existen datos sobre la sodalita en la historia. Probablemente su relación con el hombre sea relativamente reciente y, sólo se haya manifestado en las últimas épocas, respondiendo a una necesidad humana.

Propiedades terapéuticas físicas, químicas y emocionales

La sodalita es fundamentalmente una piedra del tercer ojo, aunque puede utilizarse también en el chakra laríngeo, sobre el cual activa las facultades expresivas, sobre todo en el orden oral y corporal.

Como toda piedra azul, es una buena comunicadora y resulta muy efectiva para los oradores, actores, estudiantes que rinden exámenes, etc. . En este sentido, su alta densidad (la mayor parte entre las piedras de color azul), aporta aplomo y firmeza para enfrentar las circunstancias.

Aplicada sobre el tercer ojo (Ajna), aporta serenidad y calma, deteniendo los conflictos entre la mente consciente y la subconsciente y ordenando las acciones dispersas de ésta para lograr una mayor perspectiva y claridad mental. Ayuda a armonizar el cuerpo mental con el emocional, permitiendo un desplazamiento de lo netamente emotivo, para que pueda ser controlado por lo racional. Por lo tanto, es una piedra ideal para las personas excesivamente sensibles e impulsivas, eliminando las posibles dicotomías emotivo / racionales.

Utilizada en meditación, ayuda a liberarse de viejos esquemas y dogmas espirituales, para que el pensamiento consciente pueda canalizar y dirigir las emociones hacia la verdad y el pensamiento superior. Las estrías blancas simbolizan la luz que llega para organizar los pensamientos errantes.

TOPACIO

Características físico–psíquicas

El topacio, de tonos que oscilan entre el amarillo claro y el oscuro, casi naranja o marrón, está compuesto por un fluosilicato de aluminio (hidrosilicato de aluminio fluorado), con inclusiones microscópicas de cromo y, en menor cantidad, de calcio, óxido de hierro, manganeso y vanadio, que, de acuerdo con su presencia, determinan la coloración: a mayor cantidad de óxido de hierro, más rojizo, más cromo más amarillo, más vanadio más marrón, etc. Su estructura cristalina entra dentro del sistema triclínico, siendo policroico, birrefringente y biaxial, aunque no tiene un poder de refracción demasiado elevado.

En el mercado de joyería se suele clasificar al topacio por su color, relacionado directamente con su procedencia: *Topacio siberiano,* azulado o verde-azulado (cromo + hidróxido de calcio); *Topacio brasilero,* amarillo oro o rojizo (alta proporción de cromo + óxido de hierro).

Los grandes yacimientos de topacios, además de las zonas indicadas, se encuentran en Tasmania, Madagascar, California (EE.UU.), Australia y, en menor cantidad y calidad, en la isla de Elba.

Origen y proyección histórica

Según Plinio, el término topacio proviene de *Topazon,* nombre que los griegos daban a una isla del mar Rojo donde unos marineros náufragos encontraron grandes cantidades de dicha piedra, al punto de haberse erigido con ella una estatua de Artemisa de tamaño humano.

Sin embargo, es preciso destacar una diferencia fundamental: el *topatios* de los antiguos era la actual crisolita, mientras que denominaban *chrysolitus* al topacio tal como se le conoce hoy.

En su *Tratado de Geografía,* una de las obras más conspicuas de las que han llegado a nuestros días para conocer el punto de vista griego sobre el mundo físico de su época, el geógrafo Estrabón (60 a.C.-25 d.C.), se refiere al topacio como originario de la isla de Ofíada (de las serpientes) llamándolo «...piedra de las serpientes, que es brillante, transparente y resplandece como el oro, tanto que al mediodía sólo puede distinguirse con esfuerzo. Por ello la gema sólo debe buscarse por las noches, cuando su brillo en la oscuridad la hace bien visible; en ese momento se harán señales para reconocer el lugar y, luego se la recogerá al día siguiente».

En las tradiciones católicas, la piedra era el símbolo de San Juan y San Mateo, quien afirmaba que «...trae el sol a aquéllos que tienen ojos y no ven: los ciegos a la luz de la Verdad, de la Inspiración y del Espíritu».

Santa Hildegarda, en su *Tratado de Gemología,* la recomienda contra la conjuntivitis y otras afecciones oculares, aplicándola según la siguiente receta: «Dejar en baño de vino negro al topacio durante tres días y, al cabo de ellos, masajearse los ojos con la piedra húmeda antes de dormir, recitando al tiempo una plegaria o un conjuro, según sea enfermedad o mal de ojo».

Propiedades terapéuticas físicas, químicas y emocionales

Como toda piedra policromática, cada color de topacio tiene sus propias características curativas, pero la piedra en sí, independientemente de su color, genera potentes campos energéticos orientados principalmente hacia el chakra de la corona, activando los niveles de comprensión y creatividad. Es la gema indicada para todos aquéllos que tengan algo nuevo en su interior y quieran expresarlo (actores, escritores, artistas plásticos, músicos y otros), o investigadores con ideas avanzadas que deseen concretarlas en proyectos.

En el plano material / espiritual, tonifica a las personas cansadas física y mentalmente, estimulando todos los centros de recuperación físicos y psíquicos. La variedad amarilla está especialmente indicada contra la ictericia y otras enfermedades hepáticas, extendiendo su influencia hasta la protección contra otros virus infecciosos, especialmente los que provocan las enfermedades invernales clásicas.

TURMALINA

Características físico-psíquicas

Existen diferentes variedades de turmalina, compuestas por una base cristalina de silicato de aluminio, a la que durante la cristalización se ha incorporado una o varias sustancias adicionales, entre las que se cuentan boro, litio, flúor, óxido de hierro, manganeso y otros elementos.

La turmalina cristaliza en el sistema rómbico, en prismas hexagonales alargados y asimétricos, de fractura irregular o concoide y las distintas variedades se diferencian fácilmente por sus colores, muy variados y generalmente homogéneos, aunque en ocasiones se presentan cristales en dos colores. Ejemplos de estos últimos son los *cabeza de turco,* que pueden ser rojos o rosados en un extremo y verdes en el otro, o transparentes y negros en la misma disposición. Lo más curioso de este fenómeno es que en la mayoría de los casos, los colores son complementarios, como el verde y el rojo, o el blanco (hialino) y el negro.

Otra posibilidad de policromía es en estratos concéntricos o longitudinales, claramente diferenciados, como en el caso de la llamada *turmalina cenicienta,* roja en el interior y verde en la periferia. Algunas turmalinas reciben nombres secundarios según los colores que presentan: la negra, la más común, se define simplemente como turmalina, o *nigrolita;* la roja se conoce como *rubalita;* la violeta como *siberita;* la azul como *indicolita* o *zafiro brasileño;* la incolora, *acrolita;* la verde, *vireolita* o *peridoto de Ceylán,* y las multicolores, *iridolita* o *policrolita.*

La variedad negra se encuentra preferentemente enclavada en rocas cuárcicas y microesquistos, mientras que las coloreadas se hallan por lo general en drusas y geodas pegmáticas; es muy frecuente, y curioso, que en la misma geoda puedan encontrarse ejemplares de distinto color, e incluso policromas. Los principales yacimientos de turmalina se encuentran en EE.UU., Birmania, Brasil, los Urales (vertiente oriental), Sri Lanka y Madagascar.

Origen y proyección histórica

Si bien la turmalina llegó a Europa recién en el siglo XVIII, procedente del entonces Ceylán (hoy Sri Lanka), su nombre proviene indudablemente del término malayo *turmali,* pero en la antigüedad esta piedra recibía otros nombres como *succinum* y *ligures,* aunque no puede asegurarse que se trate del mismo mineral. Lo único que puede comprobarse fehacientemente, es que en los últimos tiempos se han encontrado y comenzado a explotar yacimientos de grandes proporciones, rasgo indicativo de que las turmalinas están asumiendo un papel preponderante en la gea mundial y preparándose para atender las cada vez más complejas necesidades del hombre de la Era de Acuario.

Propiedades terapéuticas físicas, químicas y emocionales

Tanto los poderes terapéuticos de la turmalina, como su simbolismo, emanan directamente del color de cada variedad, pero en general representa la amabilidad, la cortesía, la consideración afectuosa y la convivencia pacífica.

Turmalina negra. Es la más conocida y aplicada en gemoterapia, ya que su color constituye el limpiador por excelencia, tanto para el cuerpo físico como para los sutiles. Refuerza, por ejemplo, el cuerpo emocional, neutralizando todos los sentimientos negativos como la angustia, el temor, el estrés, el odio y la envidia, tanto emanados de nuestro propio subconsciente, como provenientes del exterior. A diferencia de los restantes cristales y preconceptos nocivos, especialmente los que impiden los procesos autocurativos a todo nivel. Una de las aplicaciones más efectivas de los cristales de turmalina es determinar con ellos un camino de salida para las energías negativas, comenzando por los chakras superiores y uniendo cada uno de ellos hacia abajo, hasta finalizar en el Muladhara.

En terapia física, aplicada sobre el primer y segundo chakras, se considera un excelente diurético y regulador del aparato digestivo y los movimientos peristálticos de los intestinos empleándose también en casos de cálculos renales y vesiculares, desarreglos menstruales, constipaciones y diarreas, diuresis y enuresis y, en general, en todo tipo de desorden que involucre cualquiera de las vías excretoras.

Si se observa de cerca un cristal de turmalina negra completo y al natural (sin pulir) podrán apreciarse sus largas estrías paralelas, en cuyo diseño perfecto reside su gran poder. Estas estrías canalizan rápidamente y, sin posibilidad de error alguno, las energías negativas, alejándolas de nosotros y limpiando, tanto los órganos físicos como los cuerpos sutiles. En la Era que se inicia, la turmalina será el principal canal de desagote de efluvios perniciosos de la humanidad, desbrozando el camino para que ingrese en nosotros la energía positiva del Universo.

Turmalina verde (vireolita). Su color se asimila al Rayo Verde activador del tercer chakra, aunque en este caso más como protector que como curador, ya que genera un gran campo de protección contra el ingreso de energías negativas. La turmalina verde envuelve los cuerpos energéticos y físicos en una intrincada e inviolable malla de luz curativa, asegurando una interacción activa entre la frecuencia del espíritu y la de la materia. De esta forma sus ondas se interfieren positivamente, armonizando las energías cósmicas con las personales.

Si bien la turmalina verde no constituye un instrumento de gemoterapia física específico, aplicada sobre el chakra Manipura activa el funcionamiento de las glándulas de secreción endocrina y regula la función del sistema inmunológico, eliminando así los agentes físicos del agotamiento y la depresión y despertando estados de conciencia, hasta entonces bloqueados, en los niveles más profundos del subconsciente.

Turmalina roja (rubelita). La turmalina roja o rubelita, cuyos matices oscilan entre el rosa y el rojo vibrante es, indudablemente, una de las piedras más indicadas para el chakra del corazón, ya que constituye uno de los principales estimulantes y reguladores de todas las funciones cardíacas, y consecuentemente, de todos los órganos y sistemas que dependen de él.

La rubelita simboliza el amor en el reino de la materia, gracias al cual todos sus elementos se protegen entre sí, generando una infinita fuente de compasión que hace imposible la existencia de emociones destructivas como el miedo, el odio, al venganza, la envidia, etc. Esto se hace extensivo al plano físico, con lo cual automáticamente desaparece toda posibilidad de enfermedades o desarreglos orgánicos.

Turmalina hialina (acrolita). La acrolita, o turmalina incolora, constituye uno de los elementos gemoterapéuticos más efectivos, ya que a la perfecta canalización y amplificación de los siete Colores Cósmicos que permite su transparencia, similar a la del cuarzo hialino, se suma la poderosa energía defensiva de la turmalina, característica de su cristalización rómbica.

A pesar de su aparición relativamente reciente (es la más nueva del grupo, y no se ha manifestado al hombre sino hasta hace unas pocas décadas), algunas experiencias dejan entrever un enorme potencial, especialmente en las enfermedades del cerebro que requieren actualmente neurocirugía, como las hemorragias, aneurismas y tumores.

Turmalina multicolor (iridolita, policrolita). La combinación rosa / verde presente en la turmalina *Cabeza de turco,* una de las policrolitas más frecuentes, constituye uno de los esquemas terapéuticos más eficaces, especialmente sobre el chakra Anahata, ya que el Rayo Verde cura las lesiones emocionales del corazón, mientras que el rosa despierta un sentimiento de empatía y amor entre los distintos órganos, que da como resultado la armonización de la totalidad del sistema.

TURQUESA

Características físico-psíquicas

La turquesa es hoy (como muchos minerales, ha venido modificando su estructura a lo largo de los siglos, de acuerdo con las necesidades del hombre) un fosfato hidratado de aluminio, hierro y cobre, cuya combinación le proporciona su color azul-verdoso característico.

De forma esporádica puede encontrársela cristalizada en el sistema triclínico, pero generalmente aparece en masas compactas o rellenando las grietas de las rocas aluvionales.

Los principales yacimientos se encuentran, además de en Turquía, como sugiere su nombre, en EE.UU., Egipto e Irán.

Origen y proyección histórica

Aunque en la actualidad se la denomina turquesa (quizás porque fueron los turcos los que la introdujeron en Occidente), antiguamente se la conocía bajo el nombre de *kallalith* (piedra hermosa, en parsi) o *fayruz* (gema de la suerte, en árabe). Según la tradición hebrea, la primera mina de turquesas fue puesta en explotación por Isaac, hijo de Abraham, en el monte Sinaí y sus piedras eran muy codiciadas, tanto por los antiguos hebreos como por los egipcios.

También fue la gema preferida de los mayas y los aztecas, quienes adornaban con ella las efigies de sus dioses, especialmente la de Huitzilopochtli, el dios de la guerra, que llevaba un peto con adornos de coral y turquesa. Por su parte, Quetzalcoatl, la divinidad benéfica, llevaba en su mano una serpiente de turquesa, con la que espantaba a Metzli, la Luna, para que dejara paso a Tonatiuh, el Sol.

En la antigua Roma era la piedra por excelencia para las mujeres, que también la utilizaban molida como adorno para el cabello. En Grecia, por el contrario, era usada por los varones, especialmente los de mayor edad, ya que se le atribuían poderes preventivos contra los asesinos y los envenenadores.

En la Edad Media se la consideraba el símbolo del valor y de la grandeza de ánimo y como tal se convirtió en el talismán de la Sagrada Orden de los Caballeros de Oriente.

Propiedades terapéuticas físicas, químicas y emocionales

En el plano emocional, la turquesa, especialmente si tiene inclusiones de cobre en estado virgen, absorbe sentimientos negativos, por lo que es ideal para combinar con algún cristal canalizador, como el cuarzo ahumado, que pueda expulsarlos al exterior. En algunas ocasiones, luego de este proceso, puede notarse que la turquesa cambie de color o sea opaca, en cuyo caso se la debe limpiar y recargar inmediatamente, dejándola luego descansar durante varios días en una drusa de cuarzo o amatista, de ser posible, al sol.

A nivel físico, el azul verdoso de la turquesa aúna los colores curativos (verde), con todo lo relacionado con el chakra laríngeo, por lo que resulta especialmente indicado para las afecciones del sistema respiratorio, la laringe, los bronquios y los pulmones, entre las que se cuentan la amigdalitis, disfonía, afonía, tosferina, curp, difteria, bronquitis, asma de origen bronquial, etcétera.

VENTURINA

Características físico-psíquicas

La venturina es un cuarzo cristalizado (bióxido de silicio), con inclusiones de pequeñas escamas brillantes de mica o partículas rojas de hematita (óxido de hierro), que aparecen en la base verde oliva oscuro como diminutas salpicaduras de sangre. Se la encuentra en las laderas orientales de los Urales, en la meseta de Altair y en la India.

Origen y proyección histórica

Muchos autores la relacionan con la piedra que Plinio llamaba *gramatita,* pero otras menciones sugieren que un artesano del vidrio de la ciudad de Murano dejó caer por casualidad limaduras de cobre en la masa vítrea de color verde con que estaba trabajando y, al ver el resultado, muy agradable a la vista, la llamó *aventurina,* por haber sido, según sus propias palabras, *«una aventura»,* es decir, el producto de un gesto no convencional en la profesión. A partir de allí, la siguió utilizando y por extensión se llamó así a los cuarzos naturales de apariencia análoga que aparecieron posteriormente. Esto nos indica que se trata de un mineral relativamente joven, que aún puede evolucionar, de acuerdo con las necesidades del ser humano, como ya evolucionó su nombre, hasta el término actual de *venturina.*

Propiedades terapéuticas físicas, químicas y emocionales

La venturina es, fundamentalmente, una piedra emotiva, ya que mediante la permeabilización de los cuerpos emocional y etérico permite la exteriorización de las manifestaciones internas de originalidad e independencia. Por lo tanto, se puede utilizar para incentivar la visualización creativa y para facilitar los contactos con la personalidad superior de cada uno. Es la piedra ideal para los artistas, escritores, músicos y todo aquel que quiera incentivar su veta creativa. Paralelamente, su pujante fuerza vinculante y armonizadora equilibra rápidamente los cuerpos etérico, emocional y mental, canalizando esa veta creativa hacia logros concretos y prácticos en el plano real.

En el plano físico, posee poderosas energías terapéuticas, sobre todo en el campo de los sentidos, mejorando cuadros de afecciones en la glándula pituitaria y las sedes de los sentidos (nariz, boca, ojos y oídos).

ZAFIRO

Características físico-psíquicas

Químicamente, el zafiro es un corindón, es decir, un bióxido de aluminio cuyo color varía entre el azul oscuro y el incoloro, pasando por el índigo, el azul de Prusia y el ultramar, aunque algunos autores extienden el término zafiro a todas las variedades de corindón, incluso los de tonalidades amarillas, violetas, etc. El principal colorante del verdadero zafiro es el cromo, cuyos distintos estadios de oxidación aportan los distintos colores, modificados a su vez por la presencia de hierro y titanio dispersos en la estructura cristalina.

Físicamente, aun siendo como el rubí, un corindón, el zafiro es ligeramente más pesado, más duro y cristaliza en el sistema hexagonal, con un brillo vítreo casi aterciopelado. La transparencia es inversamente proporcional a la coloración y a las impurezas, haciéndose muy evidente en los leucozafiros (zafiros hialinos), mientras que en los más oscuros casi no se ve a través. Existe una variedad poco frecuente, llamada *asteria,* que posee un reflejo central oscuro, redondeado, causado por delgadas agujas de rutilo. Esta variedad se conoce también como *ojo de gato,* o *girasol de oriente.*

Los principales yacimientos de zafiros, radicados en Sri Lanka, Birmania, Tailandia, India, Tíbet y Australia, coinciden con los de rubíes y proporcionan cantidades equivalentes en total, pero, curiosamente, donde abunda el rubí, escasea el zafiro y viceversa.

Las piedras halladas en las arenas gemíferas de Sri Lanka, originadas por agrietamiento del gneis madre, son poco cotizadas por su escasa transparencia; los zafiros de Tailandia y Birmania suelen ser tan oscuros que, en ocasiones, parecen negros opacos; los de Cachemira, en India, son azul cielo y muy transparentes, aunque irregulares en tamaño y planos de clivaje; los australianos, generados por rocas basálticas, son muy variados en colorido. En los últimos tiempos se han manifestado zafiros también en el Irán, y en el estado de Montana, en los EE.UU.

El mayor zafiro registrado en la historia es una gema tallada en forma de prisma oblicuo, de 956 quilates, perteneciente a la corona del rey de Birmania, y uno de 542 quilates, que en la actualidad se encuentra en el Museo Mineralógico de París.

Origen y proyección histórica

El término zafiro posee innumerables antecedentes, entre los que se cuentan el término hebreo *shapphir,* que significa literalmente «la cosa más bella», el griego *sappheiros,* el latín *saphirus* y el árabe *safir,* con acepciones equivalentes.

La misma etimología de su nombre nos proporciona datos sobre el valor que el zafiro pudo haber tenido en la antigüedad: los egipcios la llamaban «la piedra de las estrellas» y le adjudicaban el poder de reubicar los astros en posiciones favorables, intercediendo ante Maat, la diosa de la exactitud y la verdad. Esta propiedad era compartida por los parsis seguidores de la doctrina de Zahrathustra, para quienes era la joya de la verdad y la justicia; los budistas agregaban a estas propiedades la virtud de despertar el amor y la amistad entre los hombres.

La tradición cingalesa afirma que los zafiros nacían de los ojos de Dayta, la diosa de la abundancia, y caían al río, haciéndolo desbordarse para multiplicar las cosechas. Los griegos la consagraron a Zeus, el padre de los dioses, y le adjudicaban el poder de la clarividencia, por lo que la utilizaban en oráculos y ceremonias de adivinación.

La relativamente joven religión cristiana, recogiendo gran parte de la tradición hebrea y aramea, lo adoptó como emblema de la Virgen María utilizándolo, en los comienzos de su organización, la Iglesia como ornamento del anillo de los obispos, de donde pasó a los de los cardenales, sustituido en los primeros por la amatista. El profeta Ezequiel afirma que las tablas de la ley recibidas por Moisés en el monte Sinaí. El mismo trono de Jehveh era de zafiro y relata que en el instante de recibirlas «...sobre el firmamento que había sobre su cabeza se veía la figura de un trono que se asemejaba a una piedra de zafiro y sentado en el trono una figura que parecía de hombre...».

Galeno, célebre médico griego, lo prescribía contra la picadura de los animales venenosos, y su colega Dioscórides contra las úlceras intestinales y los vómitos.

Propiedades terapéuticas físicas, psíquicas y emocionales

Aunque muy conocido y apreciado en la antigüedad, el zafiro ha estado evolucionando en las últimas etapas de la humanidad, ya que en algunos de ellos, de aparición relativamente reciente, su transparencia prácticamente hialina denota una firme determinación de orientar al hombre hacia niveles espirituales y mentales mucho más elevados, como una forma de guiarlo hacia la nueva Era de Acuario.

En su color más tradicional, azul oscuro, tiende a desarrollar el sentido de justicia, verdad y equidad, aportando una gran energía para reforzar los cuerpos espiritual y etéreo.

III

EL USO DEL CRISTAL

Cualquier persona que quiera puede mejorar de forma considerable su calidad de vida con el uso del cristal de cuarzo. Programe su cristal con un fin específico, retire todos los obstáculos y problemas que le impiden ser una persona satisfecha consigo misma y que evoluciona satisfactoriamente. El cuarzo puede ayudarle en todos los aspectos de su vida, basta simplemente con que se pare un momento a pensar cuál es la mejor forma para utilizar la ayuda que su cristal le brinda; la colaboración de éste, siempre la tiene a su alcance, sin reclamo de ninguna clase. Su cristal no tiene ninguna parte que se mueva, lo que hace que nunca se averíe, es más duro y duradero que el acero. A continuación, le daremos algunas de las formas más prácticas y originales para utilizar su cristal y con ello mejorar su vida.

ENCUENTRE CON SU CRISTAL OBJETOS PERDIDOS

Con su cristal en la mano izquierda y hablándole, encontrará lo que perdió, el cuarzo amplifica su sensibilidad a las vibraciones del objeto perdido, tratando de sintonizar con él; las vibraciones que desprende actúan como una radio-ayuda de aproximación ayudándole a localizar lo que está buscando.

Dígale a su cristal que le brinde su colaboración para encontrar lo que busca.

LOGRE MEJORAR CON EL USO DEL CRISTAL

A casi todo el mundo, por no decir a todos, nos gustaría mejorar o cambiar algunos aspectos de nuestra vida, pero nos encontramos casi siempre con la falta de fuerza de voluntad para llevar a cabo algún cambio; también aquí en esta ocasión el cristal puede ofrecerle su ayuda. Programe su cristal para cualquier problema de salud, como el perder peso, dejar de fumar, o cambiar algún hábito del cual le gustaría deshacerse. Por ejemplo: suponga que quiere dejar de fumar y no puede; tiene la necesidad de hacerlo para evitar problemas de salud, pero le falta la fuerza de voluntad suficiente para lograrlo, el tabaco se ha agarrado tanto en su sistema que le es difícil salir de él. Programe su cristal diciéndole algo así como: «He dejado de fumar y no me apetece. He perdido por completo la afición al tabaco». Sitúe su cristal en uno de sus bolsillos o colgado al cuello, cada vez que sienta la necesidad de fumar un cigarrillo, toque el cristal y verá cómo desaparecen las ganas de fumar.

USE UN CRISTAL EN VEZ DE DROGA

Hoy en día muchas personas buscan la forma de ampliar su conciencia, porque en ello encuentran el placer y más conocimientos según creen; forma insana de conseguirlo con el uso de la droga y saludable con el uso de los cristales, que pueden alterar el estado de conciencia de cada individuo que lo usa. Consiga este estado de conciencia llevando consigo un cristal junto al cuerpo, el cual le ayudará a alcanzar un estado más alto de conciencia y bienestar. Sabido es que los cristales estimulan e inducen a un estado de euforia. La razón de ello está en su frecuencia de vibración, continua e invariable, que le ayuda a tranquilizar y regular las vibraciones de su cuerpo.

Sólo tiene que tener precaución si se encuentra en estado deprimido, el cristal puede amplificar su depresión; lo bueno de esto es que no necesita aferrarse a una sensación de depresión; basta con que agarre el cuarzo en su mano izquierda y le hable. Prográmelo con frases como: «Estoy relajado, feliz y sin problemas».

TRIUNFE EN LOS NEGOCIOS CON EL CRISTAL

En su mesa de despacho nunca ha de faltar un cristal de cuarzo para que le ayude a sintonizar con su subconsciente, el cual le hará realizar mejores operaciones comerciales. Cada vez que vaya a hacer una transacción, dar una orden o tomar una decisión, ponga las manos sobre el cristal; este contacto potenciará su sensación de intuición, transmitiéndole la respuesta correcta en cuanto a lo que debe hacer, al seguir su corazonada basándode en lo que ha intuido con la ayuda del cristal.

USE CRISTALES PARA LA PAZ Y LA SALUD DEL MUNDO

No sería nada malo para la Tierra y sí muy bueno que cada habitante meditásemos por la paz y la salud del mundo usando un cristal; cuantos más fuéramos haciendo esta meditación, más energía transmitiríamos a la conciencia universal.

Con su cristal en las manos o colgado al cuello mientras medita sobre estos temas ayuda a transmitir las energías y hará que las vibraciones de curación y paz se noten en todos los países.

La Tierra, en sí, está bien. Lo que hay que corregir es lo que ha hecho la humanidad. Lo que tenemos que hacer es meditar y enviar pensamientos de paz a los gobiernos para que los dirigentes concentren sus esfuerzos en la paz y en unas formas de gobierno positivas. Esto hará que mejore la mentalidad y no se piense en guerra y desconfianza.

RITUALES Y CRISTALES

Una forma de concentrar sus energías en un símbolo concreto que haya elegido es a través de un ritual, en él entra en un espacio diferente y se produce un cambio de conciencia que le permite alinear su mente o su ser interior con las fuerzas representadas por el símbolo. El ritual es un medio que le ayuda a entrar en contacto con su personalidad interior.

Un ritual es un medio natural de alcanzar el poder interior que llevamos cada uno de nosotros. Hay muchos tipos de rituales: religiosos, mágicos, de negocios, escolares, etc. Utilizar o llevar un cristal puede potenciar mucho la fuerza del ritual.

Se ha generalizado la práctica de poner un cristal en muchos rituales mágicos. Un mago dice que, para él, un cristal representa el elemento Tierra. Un amigo utiliza un cristal colocado en un altar orientado hacia el Norte.

EL SEXO Y EL CRISTAL

Un cristal ayuda a borrar programaciones antiguas y negativas relacionadas con el sexo. El sexo puede ser una experiencia agradable y maravillosa, dependiendo de lo que se tenga en la mente. Una buena relación sexual se funda básicamente en una imagen mental o un pensamiento de amor y creación.

Había una mujer que aseguraba que llevar un cristal colocado en las caderas colgando de un cordón había aumentado considerablemente sus conocimientos del sexo y su sexualidad en general. ¡Su marido estaba muy contento con los efectos que producía en ella el cristal!

LA CURACIÓN DE ANIMALES DOMÉSTICOS Y LOS CRISTALES

Un cristal programado puede ser muy eficaz para curar y ayudar a los animales domésticos. Decía una mujer que había producido un cambio considerable en la salud de su perro utilizando un cristal.

Su perro, al que quería mucho, ya era viejo y tenía artritis. Estaba tan tullido que no era capaz de subir por las escaleras al segundo piso de la casa. Como allí era donde más daba el sol, al perro le gustaba subir para tumbarse al calor. Su dueña tenía que subirlo en brazos para que disfrutase de su afición favorita. Pero al cabo de un rato el perro empezaba a gruñir y quejarse porque no podía bajar las escaleras. Entonces, ella tenía que volver a subir para bajarlo.

Se le ocurrió la idea de hacer una bolsita para meter dentro un cristal y colgársela al perro al cuello. Antes de meter el cristal en la bolsa lo programó. Puso al perro en sus rodillas y tomó el cristal en las manos, hablándole como si lo hiciese con el perro. Le dijo que iba a encontrarse bien, que le estaba poniendo el mejor alimento para su bienestar y que, sin duda alguna, iba a curarse.

Al cabo de diez días el perro subía y bajaba las escaleras. Estaba muy apegada a su perro y programó el cristal para que respondiese a las vibraciones del animal. Este se dio cuenta de que había algo que cuidaba de él, de que se estaba produciendo algo en su propio beneficio. De una forma relativamente misteriosa, esto activó su sistema inmunológico para que se equilibrase la química de su cuerpo. Cualquiera que fuese la causa de la artritis, desapareció, hasta el punto que el perro recuperó su actividad y podía andar sin problemas.

Después de programar el cristal y ponerlo al cuello del perro, el mensaje iba pasando continuamente a sus células corporales. Recibía continuamente su terapia mental, que se activaba por la proximidad del cristal con su cuerpo. Esta técnica era eficaz porque su dueña creía en ella y por el amor y la comunicación que había entre ella y el perro. No hacía falta que el perro pensase.

Sus células corporales respondían a la confianza, la fe y la comunicación que había entre su dueña y él.

EL SONIDO EN EL CRISTAL

Todos sabemos que la materia está compuesta de vibraciones, y que la identificación de las diferentes materias u objetos, como los colores, etc., depende del nivel de vibraciones de cada uno.

Elizabeth Keyes, en su excelente libro *Toning,* explica un antiguo método de curación al que denominaba la curación por entonación. Este método guarda relación con el sonido y las vibraciones y con la mecánica de la expresión oral.

Todos conocemos la importancia de dar un grito cuando hacemos un esfuerzo; nuestro cuerpo no hace más que soltar el sonido de forma natural; cuando gritamos liberamos una tensión muy fuerte que, de otra forma, quedaría almacenada en nuestro cuerpo de forma negativa. Lo mismo que reír cuando nos cuentan un chiste es muy sano, la risa también es buena para la digestión.

Se han dado casos como el de Norman Cousins de Estados Unidos, que tenía una enfermedad que le estaba debilitando la espina dorsal; escribió un libro de cómo consiguió superar la enfermedad con la risa, y logró su curación leyendo libros de humor que le hacían reír viendo películas cómicas durante todo el período de curación.

Usar un cristal programado con ciertos tipos de entonación consonante, cantando o recitando simplemente con los sonidos normales de las cuerdas vocales es de suma importancia para la salud; con el sonido el cristal de cuarzo ayuda a curar muchas dolencias.

PROTEGERSE DE LAS ONDAS ELF CON EL CRISTAL

Todos conocemos que las ondas ELF (frecuencia extremadamente baja) alteran y entorpecen las reacciones del sistema inmunológico de nuestros cuerpos; los mayores productores de

estas radiaciones suelen ser las líneas de alta tensión y las ante-
nas de muchos submarinos militares. Nuestros cuerpos se componen de un 75 a un 80 por ciento de agua, y ésta es uno de los
conductores básicos de la electricidad, por lo tanto nuestros cuerpos también son un buen receptor, lo mismo que una antena, al
encontrarnos abiertos a la recepción de diferentes longitudes de
ondas. Continuamente estamos sometidos en las grandes ciudades
a radiactividad, estamos continuamente bombardeados con longitudes de onda de todo tipo: alta, media, baja y de toda índole, y
casi no nos damos cuenta de que existe este bombardeo; aunque
ya en muchas grandes ciudades acusan a este constante bombardeo de longitudes de ondas nocivas, de ser el responsable de
muchos trastornos mentales y nerviosos, lo que nos pone alerta
de que tenemos que protegernos de las longitudes de onda que
producen efectos nocivos al cuerpo.

Diversos investigadores sostienen y afirman que las principales causas de la muerte en el mar de los delfines son las ELF,
producidas por los submarinos, y que la exposición de los delfines a este tipo de ondas termina haciéndoles perecer por infecciones bacteriológicas. En las ciudades no favorecen en nada a la
salud las longitudes de ondas que emiten todas las ambulancias,
los coches de bomberos y la policía, audibles o inaudibles; también en los hogares nuestros propios aparatos producen ondas de
radiación, como los televisores en color y los microondas. Vivimos continuamente sumergidos en un mar de ondas radiactivas,
que unas veces captamos con los sentidos y otras no; las captamos en ocasiones cuando hablamos por teléfono o sintonizamos
una emisora de radio, otras longitudes de ondas no las captamos
conscientemente; pero están ahí y afectan a la salud de nuestro
cuerpo, ya que las recibe y las células de éste reaccionan ante
ellas, aunque nuestros cinco sentidos no se den cuenta de ello
porque se encuentran bloqueados por las vibraciones que son perjudiciales para la salud, ya que estamos constantemente en un
tumulto, sin llegar a darnos cuenta de qué es lo que nos estimula.

El usar un cristal una vez más puede ayudarnos a protegernos
de los efectos de estas longitudes de onda; llevar continuamente
en el bolsillo un cristal programado para filtrar estas vibraciones,

dejando que lleguen a nuestro entendimiento sólo las que pueden favorecernos. Prográmate un cristal para que acepte todas las vibraciones favorables y rechace o descarte cualquier señal radiactiva que sea negativa o perjudicial para tu salud.

LOS CRISTALES EN LOS FAMOSOS

A Thomas Edison, el padre de la invención moderna, todo el mundo lo conoce por sus trabajos con la electricidad, pero no todo el mundo sabe que Edison estaba muy interesado por la vida después de la muerte y los fenómenos psíquicos. Según bibliografías suyas consultadas, se dice que solamente dormía cuatro horas al día, logrando así añadir diez años más a la parte consciente de su vida. Sentía fascinación por los cristales de cuarzo y los menciona en su diario: «Hasta en la formación de los cristales vemos la acción de un plan ordenado definido». Thomas Edison usaba cristales para formar pensamientos creativos; pasaba temporadas de vacaciones, no muy largas, en un rancho que poseía detrás del cual, en las colinas, se encontraban yacimientos de cuarzo. Solía excavar en ellos y le gustaba poner los cristales extraídos a la luz del sol observando en ellos su reflejo. Guardaba después los cristales en los bolsillos de sus pantalones y bajaba al rancho para el almuerzo; cosa que según se cuenta tenía la hora de sentarse a la mesa, pero no la de separarse de ella, ya que era muy comilón, consumía la ración de varias personas él solo. Posteriormente se sentaba en el porche, bien tranquilo con las manos en los bolsillos tocando los cristales con indolencia y mirando al cielo con una sonrisa donde podía ver todo tipo de imágenes en las nubes, entrando en un estado de relajación y ensueño. Eran sus cristales de ensueño; los que tal vez le ayudaban a sintonizar con el lado derecho del cerebro; el intuitivo. Los inventores visualizan primero las cosas que crean, llevándolas posteriormente a cabo. Hay inventores que han dicho algo así como: «Lo he visto, no sé dónde, pero lo he visto; sólo he hecho lo que he visto».

De igual manera algunos compositores aseguran que el hecho de llevar un cristal consigo les ayuda a oír la música que luego crean. Dicen que les viene muy bien meditar con su cristal, y cuando salen de la meditación, escriben lo que han oído.

Puede usar esta técnica para crear o componer. Llévese en su meditación, junto con su cristal, una pizarra imaginaria donde grabar lo que vea u oiga, ya sean notas o palabras inspiradas y escríbalas. Con esto logrará que entre en acción otra parte distinta de su cerebro visualizándolo simplemente. Componga la información recibida en la meditación con palabras, y páselas del lado derecho de su cerebro al izquierdo, escrito en la meditación, que después de pasar el umbral y entrar en el estado de conciencia normal o de vigilia, pueda recordar mejor lo que ha oído o visto mientras meditaba.

Tenga presente que todo lo que ha conocido en el sueño a nivel alfa puede que se disipe rápidamente volviendo al estado normal de vigilia, por eso al usar una pizarra imaginaria o un papel, puede retener mejor lo que ha oído a nivel alfa/zeta.

El poeta y escritor inglés William Buttler Yeats (1865-1939) también comprobó desde muy corta edad la importancia de los cristales de cuarzo. Desde niño se interesó mucho por el ocultismo, influenciado por la visita de un joven, brahmán de la India que le dejó una profunda huella; Yeats dijo al comentar sus experimentos con el cuarzo junto con algunos amigos: «Yendo hacia la escuela solíamos analizar todo lo que encontrábamos para leer sobre filosofía mística, solíamos pasar cristales por las manos y por los ojos de los demás y nos creíamos que podíamos notar su aliento, lo mismo que se hacía con un libro alemán.»

La famosa novelista francesa Georges Sand (1804-1876), famosa no sólo por las novelas que escribía, género de moda en su época, sino también por sus muchos amores cosechados, usaba también un cristal. De niña, descubrió que tenía la facultad de ver imágenes en una bola de cristal. Ya de mayor cuando escribía, lo hacía siempre concentrándose en el cristal asegurando que lograba tener más inspiración.

También la famosa teósofa y escritora Alicia Bailey, en su famoso libro *Esoteric Psychology,* habla de los cristales diciendo: «En el mundo mineral tenemos el Plan Divino oculto en la geometría de un cristal; si pudiésemos comprender verdaderamente la historia de un cristal, entraríamos en la gloria de Dios».

EL CUERPO Y LA ELECTRICIDAD

No sólo nuestros cuerpos operan por electricidad. Todo el universo se basa en la electricidad, por eso tenemos que tener presente, cada vez que usemos cristales para curar, que éstos son electrónicos. Todos desconocemos cuál es el origen de la electricidad del cuerpo o del universo; muchas son las cosas que no comprendemos de la electricidad, ni tan siquiera los científicos saben en realidad qué es la electricidad; conocen sus efectos y saben sacar provecho de ella para crear energía, pero desconocen en realidad qué es. Sólo hay un único tipo de electricidad que sale del aura humana; ésta está compuesta por diferentes tipos de vibraciones eléctricas; el magnetismo del cuerpo humano es una selección de corriente alterna y continua; tiene polaridad positiva y negativa, y algunos aglutinantes sin denominar, que hacen que se mantengan juntas estas energías eléctricas. Posiblemente, lo que es Dios, sea lo mismo que la energía eléctrica; una amalgama de poder secreto; imaginemos en teoría que podemos quitar el polo positivo y el negativo de los electrones y el magnetismo, el universo se convertiría en un caos; todo se descompondría en pedazos y se acabaría el orden coherente de las cosas.

Nuestro cuerpo se basa en la electricidad negativa y positiva; cada una de nuestras células contiene un lado positivo y otro negativo; nuestro sistema nervioso no es nada más que electricidad; la importancia que tiene un cristal está en que, cuando lo agarra, empieza a vibrar en una frecuencia eléctrica que se encuentra en armonía con su cuerpo y mente subconsciente; es comparable a un coro que coincide no con la misma nota que le corresponde a usted, sino en las notas armónicas que estimulan y simplifican. Es como si en vez de tener la voz débil de su subconsciente, la cual no puede oír por culpa del televisor, del timbre, del teléfono, etc., tiene todo un coro que crece con estas sensaciones, éstos impulsos eléctricos; este coro hace que salga información de su subconsciente: cosa que conoce, pero aún no ha entrado en comunicación con sus corazonadas, sus perspectivas, que se convierten en realidad con esta ampliación de la armonía del coro de una forma tan repentina que, sin saber por qué, tiene la seguridad de que ha llegado a algún sitio; sin saber exactamente dónde, ya que puede que necesite manifestar más aún este conocimiento, pero ya empieza por encontrarse en mejores condiciones para sacar una opinión inteligente sobre lo que está pasando en su vida.

EL CUARZO Y LA RADIO

Hay defensores del cristal de cuarzo que sostienen que los primeros equipos de radio de cristal funcionaban con cristales de cuarzo; cosa que no es cierto, ya que los equipos de cristal eran en realidad pequeños receptores de radio formados por una bobina para sintonizar un detector de cristal para rectificar la señal recibida, pero que tenían amplificador y que este cristal tampoco era de cuarzo, ya que se usaba para este menester cristal de galena, que es una forma isométrica de sulfuro de plomo, de color azul grisáceo y tiene una consistencia quebradiza. Este material se encuentra en todas las partes del mundo, siendo en Joplin, Missouri, EE.UU., donde hay grandes yacimientos; es de tamaño normal de cinco centímetros, en casos excepcionales llegan a medir hasta sesenta centímetros, cuando se calienta la galena emite un vapor de azufre fundiéndose en una masa de plomo.

En los equipos de radio de cristal se solían usar piezas cúbicas de un tamaño de un centímetro. El contacto electrónico se establecía con el cristal mediante la punta de un cable, flexible y pelada, llamada «bigote de gato»; moviendo el bigote de gato por el cristal, se podía encontrar una zona sensible y entonces empezaba a funcionar la radio. También los primeros tipos de auriculares llevaban en su mecanismo cristal de cuarzo.

LA LUZ DEL CRISTAL

El cristal de cuarzo produce luz; si alguien duda de ello, tiene una forma muy sencilla de demostrárselo:

Tome dos trozos de cristales naturales de cuarzo, cuanto mayores mejor, pero que le quepan en la mano y que cada uno de ellos tenga un lado plano sin pulir. Situado en una habitación oscura, frota con fuerza los dos lados planos del cristal uno con otro, verás cómo, sorprendentemente, producirán una luz parecida a la de un tubo fluorescente que parpadea cuando se calienta.

Siempre que frote las dos piezas de cristal, produciendo fricción, estará generando luz; esto no ocurre con ninguna otra roca, gema o piedra; sólo se trata de una peculiaridad del cristal de cuarzo. Queda demostrado con esto las propiedades piezoeléctricas: que con la presión de comprimir y soltar el cuarzo se produce electricidad.

LOS SUEÑOS Y LOS CRISTALES

Un tercio de los años que vivimos cada uno lo solemos pasar durmiendo, aunque esto muchos considerarán que es una pérdida de tiempo ya que la mente consciente nunca se acuerda de lo que sucede durante la mayor parte del período del sueño; un cristal sí puede indagar en esta faceta de su vida y utilizar la información que descubra en sus sueños para mejorarla; un cristal es una herramienta fascinante para los sueños; cuando una persona sufre normalmente de pesadillas, el momento de irse a la cama a dormir le resulta muy desagradable, ya que las pesadillas se repiten noche tras noche y no puede escapar de esa horrible experiencia. Para librarse de esta situación programe un cristal de cuarzo claro; redondeado y pulido para que le abandonen las pesadillas y mejores sus sueños; notará en definitiva una gran mejora en la calidad de sus sueños y su descanso será más placentero. A la hora de irse a la cama, ate su cristal con una cinta a la muñeca de su mano izquierda, que esté en contacto con su cuerpo mientras duerme, sitúela en la zona donde se note bien su pulso, que el cristal no tenga puntas y que sea claro, como dijimos anteriormente que no tenga puntas ni perfiles agudos que puedan molestarle mientras duerme. Programe su cristal diciendo: la programación de mi subconsciente es mala, el recuerdo de esta experiencia horrible no es más que un sueño, que no es nada bueno, y quiero acabar con ella.

Si su niño tiene pesadillas, puede ponerlo en las rodillas y decirle con cariño que un cristal puede ayudarle también a dormir mejor.

Muchas personas programan un cristal para soñar lo que quieren. En realidad, pueden programar sus propios sueños.

Si sueña más y recuerda mejor sus sueños, es posible que necesite menos tiempo para dormir. Otra ventaja adicional es que estará menos cansado durante el día, cuando está en el mundo consciente normal. En parte, el tiempo que dedicamos al sueño es necesario para clasificar y organizar durante la noche los problemas del día con guiones imaginarios. Esta representación de guiones hipotéticos libera a la persona de tener que pasar algunas experiencias, porque ya conoce de antemano las posibles consecuencias y la enseñanza que puede sacar. Si programa un cristal para que le ayude a recordar sus sueños, el tiempo que pasa durmiendo le será más productivo. No se preocupe si no consigue una respuesta o le parece que no recuerda sus sueños inmediatamente después de despertar. Algunas veces le sucederá esto al cabo del día o después de varios días.

No se desanime. Algunas veces puede tardar la respuesta a sus preguntas. Otra cosa que debe tener en cuenta cuando empiecea utilizar un cristal para los sueños es que puede tener sueños extravagantes; éstos sólo duran cuatro o cinco días.

VIDAS PASADAS CON EL CRISTAL

Hoy en día los seres humanos nos sentimos más atraídos por la reencarnación, nunca en el transcurso de la historia ha existido una fascinación tan generalizada, un interés tan profundo por una citada secuencia de vidas pasadas. La mayoría de nosotros mismos nos sentimos fascinados con la idea de la reencarnación, y hasta es posible que algunos de nosotros nos hayamos preguntado en alguna ocasión, si efectivamente hubiera sido posible que hubiéramos tenido una vida anterior. Si tiene certeza personal de una vida pasada, es entonces cuando podrá estar seguro de usted mismo. Es muy posible que cuando alguien le hable de una vida pasada, usted no llegue a creerle, pero sí lo haría si usted mismo volviera a vivir una de ellas.

Un cristal le ayuda naturalmente a abrir esta fascinante puerta; son varias las explicaciones que pueden darse en las referentes vidas pasadas.

Por ejemplo, puede entrar en contacto con el banco de memoria subconsciente, entonces se vuelve a vivir y a compartir las experiencias de un familiar fallecido hace tiempo; puede pensar que con las indicaciones necesarias, se puede sintonizar con la vida de cualquier persona que haya vivido en cualquier momento.

Son las personas sensibles, a decir de los expertos, las más capacitadas para leer el registro acástico para conseguir esta información. El registro acástico es comparable a un enorme aura que rodea la Tierra, donde se encuentran todos los recuerdos, todas las experiencias y todas las vibraciones de todas las gentes fallecidas; es el universo en sí, considerado como una enorme biblioteca, un ordenador descomunal donde se encuentran almacenadas grabaciones de todo lo que ha sucedido alguna vez en el mundo; al igual que todos los pensamientos de los seres humanos mientras vivían, otra explicación más compartida viene de la idea de que usted, como alma, decide encarnarse en muchas vidas para adquirir experiencias y convertirse en el ser que quiere, dándose cuenta de que cuando fue creado por primera vez sólo era una chispa de la divinidad.

El objetivo es aprender las lecciones que a cada uno nos corresponden en esta vida, y aprobar nuestro examen en el aula de la Tierra. Sólo aprenderemos aquello que queremos aprender, pudiendo pasar en ese caso a la experiencia de una vida mejor sin tener que repetir una próxima vez el mismo examen. Cada vida puede ser mejor y más agradable.

Considere que, si esta teoría es cierta, el banco de memoria subconsciente de cada uno de nosotros tiene almacenadas todas las experiencias vividas en cada momento; experiencias celulares de cosas, buenas o malas, sucedidas en nuestras vidas pasadas, que se remontan a miles de años, y que aún siguen estando con nosotros sin que ninguno de estos datos estén olvidados por completo; ésta es la razón de nuestras actuaciones según la ciencia, de que tengamos ciertas cualidades, unas acciones y unas reacciones.

Aquí es donde un cristal le puede ayudar a sintonizar con esta información, utilice para la meditación un cristal con todas sus ventajas, para que le facilite buena información sobre otras vidas que hubiera pasado.

También otra técnica que le ayuda a acceder a una vida pasada, o a la experiencia de una vida pasada: antes de incurrir en la meditación, plantéele a su cristal una pregunta sobre la vida o experiencia que quiere que le informe; escríbale la pregunta claramente para que le sea concisa, lógica y fácil de comprender.

Cuando empiece la meditación, desconéctese de los cinco sentidos concentrándose únicamente en la pregunta siguiente: ¿De dónde vengo? ¿Cuáles son las lecciones que tengo que aprender?...

Plantee la pregunta con sencillez y una cada vez. Entre luego en estado de relajación con el cristal; puede portarlo colgado en el cuello, sobre el chakra del corazón o del plexo solar, o llevarlo en la mano.

Es seguro que así recibirá respuestas concretas a las preguntas que ha planteado. Ha formulado una pregunta con la mente lógica y racional de los cinco sentidos, y la ha transmitido al banco de memoria subconsciente; éste desbloqueará la información de las células donde estén almacenadas.

Tiene que estar alerta con las respuestas que le vengan, será en forma de señales electrónicas, pero en un volumen tan bajo que no sentirá la voz, es como si recibiese una emisión de radio transmitida por el alma; puede oír una especie de murmullo y el sonido de las ondas sonoras, y puede que no llegue a entender nada comprensible pues el cristal amplifica estas señales. Por medio de él, puede aumentar el volumen y sintonizar la visión o el recuerdo con más precisión, sintiendo delante de usted esas visiones y esas escenas que le hagan jurar que en realidad está viviendo una situación repetida; todo aquel que ha conseguido de esta forma entrar en vidas pasadas ha dicho: «Yo estaba allí; nadie puede decirme que no he estado; lo he vivido y he tenido esa experiencia real.»

Tal vez se trate de una experiencia producida por la mente, ya que sentirás como si te encontraras en una situación de vida o muerte; o morir, o salir de esta situación. No hay duda de que se trata de un momento crucial, está todo tan confuso y turbio que no estamos seguros de lo que pasa y en ocasiones no sabemos ni reaccionar ante situaciones así; sólo en la meditación lo encontrarás todo claro; tan claro y tan vivo que no solamente sabrás lo que está pasando, sino que también serás partícipe de ello, viéndote al mismo tiempo a ti mismo; no hay duda de que ese ser eres tú y estás allí.

Por lo general uno no tiene experiencias traumáticas de otras vidas hasta que no se encuentra capacitado para ello; ésta es la razón de que las vidas pasadas estén bloqueadas para la memoria consciente, y también porque la mayoría de las veces tal vez soportemos lo que hubiéramos hecho a los demás y lo que nos hubieran hecho a nosotros en otra vida.

Usar un cristal para tener experiencias de vidas pasadas y descubrir hechos traumatizantes, puede curarle y puede hacerle perder bloqueos del subconsciente; podríamos llamarlos curar viejas heridas. El cristal le quitará los bloqueos que impiden tu posterior evolución.

APRENDER CON EL CRISTAL

En el campo de la enseñanza, sería muy interesante disponer de un conector mente-cristal; cualquier estudiante puede aprender mejor y más fácil con la ayuda de su computadora de cristal. En cualquier momento que necesite recabar información en sus estudios, sintonizaría con su cristal y las imágenes que éste tuviera almacenadas; claramente se le convertirían en conceptos originales.

La computadora de cristal tendría que tener un programa de clasificación de imágenes almacenadas, así, cuando el estudiante sintonice con su computadora estando en la misma frecuencia, puede procesar con facilidad grandes volúmenes de información de forma instantánea y al mismo tiempo helográfica. En este campo el cristal de cuarzo puede ser una ayuda maravillosa para adquirir nueva información, al igual que un ordenador que almacena y proporciona información bit a bit; la información que le transmite el cristal en forma helográfica, le hace tener todo el conocimiento dentro de su mente; la fase siguiente de aprendizaje consiste en traspasar lo que ha conocido con el hemisferio derecho del cerebro al hemisferio izquierdo, donde el conocimiento será procesado con palabras.

APLICACIONES FUTURAS DEL CRISTAL

En opinión de los expertos, en la Tierra hay doce campos cristalinos de comunicación, y posiblemente en un futuro, que puede ser no muy lejano, los hombres podrán comunicarse con distintas galaxias a través de los cristales. Los doce campos cristalinos han de descubrirse por todo el mundo; según se dice, en túneles subterráneos o canales donde se ha utilizado previamente la energía del cristal para desarrollar una tecnología científica.

Esta red cristalina es una red de canales que conecta con las estructuras cristalinas resonantes para el procesamiento de información e imagen. Hay mapas reticulados que en la actualidad no se comprenden, pero que se utilizarán para buscar puntos de coordenadas de muchos campos de comunicación para ajustarlos con la luz viva del Universo. Estas doce retículas actúan como puntos focales para la transmisión de partículas a velocidad superior a la de la luz. Se cree que la comunicación por cristal puede superar nuestro espectro electromagnético, al activarse con las tramas psíquicas adecuadas que están alineadas con las doce cámaras cristalinas que forman la estructura entramada de la Tierra. Los astrónomos podrán utilizar entonces este entramado de cristal para concentrar ondas de luz y utilizarlas en la comunicación universal.

Se ha acuñado una nueva palabra: «cristalogía». Con ella se denomina al estudio de los cristales. Algunos individuos New Age advierten que ésta será una de las ciencias del futuro.

LOS CRISTALES PARA EL DESARROLLO PSICO/ESPIRITUAL

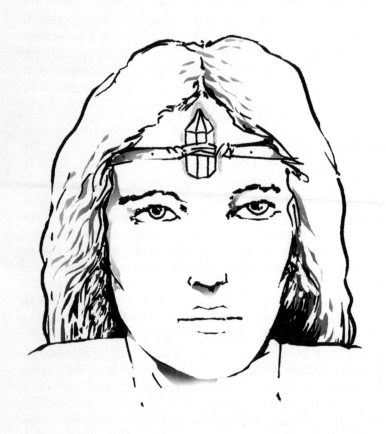

Una herramienta excelente que se puede utilizar para limpiar los canales de personalidad superior es el cristal de cuarzo. Su sabiduría le ayudará en su vida ordinaria; recuerde siempre que los cristales son fuentes individuales de una forma perfecta y que cada uno tiene su propia frecuencia de vibración para concentrar sus formas positivas de pensamiento.

Le ayudarán a estar más completo y a ser más responsable de sus actos; guiarán sus pasos por un sendero que le llevará al despertar espiritual. Le ayudarán con cariño a construir una mayor armonía de mente y espíritu para llegar a ser el ser radiante que quiere llegar a ser.

La meditación y la plegaria producen poderosos rayos de Luz Blanca, que es como el alimento del alma. Esta Luz Blanca estimula la glándula pineal (conocida también como tercer ojo). Tener un cristal en la mano izquierda durante la meditación, potencia las frecuencias y energías que van a la glándula pineal. Un cristal pequeño sujeto con una cinta en la frente, sobre el tercer ojo, es un cargador poderoso para la meditación.

Así, va a centrar la mirada o la meditación en un cristal de cuarzo, estimular los cristales pineales, mediante el rayo visual, fomentando así el desarrollo de la clarividencia, la clariaudiencia y la claridad de todos los sentidos. Un método para desarrollar la percepción clariaudiente es tomar un cristal en la mano y combinar su poder con la entonación. Cada cristal lleva dentro de su estructura un código sagrado de sonido que es exclusivo para él. Ese sonido se puede distinguir haciendo entonaciones y centrando la atención en el cristal que haya elegido.

En los grandes Templos de Iniciación la contraseña secreta estaba codificada en cristal de cuarzo. La persona que buscaba la iniciación tenía que ser capaz de oír por clariaudiencia la contraseña dada por un espíritu guardián antes de que pudiese entrar. Esta vibración o sonido abriría automáticamente la puerta, del mismo modo que se abren nuestras puertas automáticas al romper una barrera de luz.

Otra forma que tienen los cristales de colaborar con su progreso espiritual, es mediante su espectro del arco iris. Ate el cristal a una cuerda y cuélgalo en la ventana para que le dé la luz del

Sol y le bañe con los colores del arco iris. Si puede, siéntese ante este prisma de luz del arco iris. Si no puede, visualice los rayos de luz que le van llegando desde el cristal.

Esta luz estimulará su cuerpo etérico y aumentará la protección de su aura contra influencias adversas y elevará su nivel de conciencia.

Los cristales de cuarzo representan las ayudas cristalizadas del Sol y las frecuencias de la luz. Una persona normal es como una antena de cristal que va caminando, pero sin sintonizar. Usted puede sintonizar perfectamente su cuerpo y su flujo sanguíneo, lo mismo que se armoniza una canción o se afina un violín, utilizando las energías de los cristales.

MITOS SOBRE CRISTALES

El cristal de cuarzo es la herramienta más maravillosa que hay para cultivar la mente humana, porque, en realidad, se está recibiendo de él retroalimentación. Algunas doctrinas suelen hacerle creer que no es la mente humana, sino la forma de colocar el cristal (si está hacia abajo, hacia arriba o está colgando con la punta hacia abajo, etc.) lo que produce sus efectos. Esto no tiene importancia, lo que sí es importante es que aprenda a utilizar su propia mente para concentrar su propósito. Usted tiene el control sobre lo que piensa y lo que hace. El cristal amplificará lo que le diga. Las teorías que mantienen que el cristal tiene poder no sirven nada más que para reducir el poder de la propia persona. Esta idea hace que la gente no avance hasta el punto de pensar por sí misma y tomar el control de sus propias vidas. Es como dar de lado a nuestro propio poder para pasar a depender de un objeto, de un trozo de mineral que en realidad no trabaja por sí mismo. Es necesario que la mente esté en conexión con el cristal para que se pongan en movimiento sus energías y cambie tu vida.

IV

EL ESMERADO CUIDADO
DEL CRISTAL

Como todo instrumento delicado, el cristal necesita un cuidado y tratamiento especial, máxime esta clase de cristal que va a servir de forma apropiada a una mente despierta, o al que busca ese despertar. Trabajando con cristales, Usted intuitivamente desarrollará su propia técnica de conservación.

CRISTAL PERSONAL

Programado para que sea el medio más importante que abra las zonas ocultas de su mente; cuando sienta sus vibraciones integradas completamente con las suyas, empieza la armoniosa relación entre su cristal y usted. Amplificará su crecimiento interior aún en estado meditativo, dormido o en vigilia, convirtiéndose en una extensión de su yo consciente pero sin explorar.

El cristal de cuarzo tiene importancias mayores que las de su uso en tecnología punta; le puede ayudar a alzarse sobre la monotonía y los límites de su vida actual al permitirle el acceso a la dimensión interior de su mente donde le hará más perceptivo y sensible al sintonizar con su yo interno. Le aportará el conocimiento, la comprensión y el reconocimiento de los dos estados;

el consciente y el subconsciente. La asombrosa capacidad de prevenir, predecir y guiar sus pensamientos conscientes se encuentra como aprisionada a la espera de que los libere, son los cristales quienes pueden ayudarle a liberar esas zonas de su mente y capacitarle para mantener un equilibrado aumento entre ambos estados. Por lo general, el cristal más apropiado para usar en esta expansión de la conciencia es el cuarzo natural sin pulir e incoloro; y la descripción que mejor le podemos dar, es la de computadora viviente, ya que no tiene ningún impedimento como los humanos, que tenemos prejuicio, emoción, juicio o escepticismo. Él siempre está preparado, deseoso y dispuesto a ejecutar cualquier tarea encomendada; nunca se desgasta como herramienta multiuso, ni tiene parte que necesite recambio. Los cristales están aquí para enseñarle y servirle a ejecutar multitud de funciones para la mente que empieza a despertar; le guía y dirige los sueños, limpia su cuerpo de energías negativas, centra su mente, le cura mental y físicamente, telepatía, vínculos con lugares especiales y así hasta el infinito.

FORMA DE SU CRISTAL

El triángulo representa el bloque de construcción universal del cual derivan todas las figuras geométricas. La base de la estructura de un cristal de cuarzo es una pirámide de tres lados, compuesta por triángulos equiláteros. Esta figura es también una de las expresiones más importantes de la Ley de los Tres; una de las muchas leyes universales que gobiernan nuestras vidas. No pueden ser probadas ni tampoco pueden ser vistas. Sólo se experimentan. Otro ejemplo sería la Ley del Karma.

La interacción entre las tres fuerzas puede generar movimiento. De acuerdo con muchos sistemas antiguos, todos los fenómenos que existen desde los dioses hacia abajo surgen de la interacción de tres fuerzas. Sólo dos fuerzas darían un equilibrio perfecto sin ningún movimiento. La introducción de una tercera fuerza produce una reacción en forma de cambio o movimiento.

Esta interacción es una ley universal por la que no se permite que nada permanezca estático.

La doctrina cristiana se basa en la Trinidad de Padre, Hijo y Espíritu Santo. Unidos los tres, crearon nuestro universo. En física, la combinación de dos átomos de hidrógeno y uno de oxígeno produce agua. Una escuela esotérica de filosofía de principios del siglo XX basa sus creencias en el concepto de que el universo requiere la trinidad de una fuerza activa, otra pasiva y otra neutral para que se dé progresión mental. En numerología, tres es el número de lo completo, el principio, el centro y el fin. Y la Ley de los Tres se ve perfectamente representada por la estructura geométrica del cristal de cuarzo.

Clasificado en la categoría hexagonal, forma un tetraedro, un triángulo equilátero con tres lados, una base y en el que todos los ángulos miden 60°. El tetraedro se repite a sí mismo duplicando una espiral abierta a la derecha o a la izquierda en el interior del cristal. La espiral derecha, o en el sentido de las agujas del reloj, es propia de los cristales que se encuentran al norte del Ecuador, la izquierda, o en dirección contraria a las agujas del reloj, se encuentra en los cristales al sur del Ecuador. Las propiedades energéticas del cuarzo, no se encuentran en modo alguno afectadas por la dirección de la espiral.

La estructura molecular del cuarzo consiste en un átomo de silicio y dos átomos de oxígeno que se combinan para formar dióxido de silicio. La presión y el calor bajo la superficie terrestre une estas moléculas en la forma sólida del cuarzo. Cada punta tiene seis facetas y los lados opuestos del cuerpo son paralelos.

El cuarzo simboliza la perfección por poseer la estructura universal del triángulo que traza la espiral de lo completo.

Representa la creación natural de un principio, un centro y un final.

EL CAMPO DE ENERGÍA

Cuando la energía del cuarzo se funde con la suya se crea una nueva fuerza de vibración combinada, comparable a las ondas que se originan al lanzar simultáneamente dos piedras a un estanque tranquilo, que al irrumpir en la superficie del agua, originan dos series de ondas, produciéndose la fusión precisa conforme a cada anillo concéntrico que se expande y se entrelazan unos con otros. Su cristal de cuarzo es una piedra, y usted es otra, cuando ambas piedras se aproximan, las vibraciones se funden en perfecta armonía ayudándoos a elevar vuestra energía a niveles superiores de conciencia.

El cristal de cuarzo es conductor natural de energía electromagnética. Cada electrón móvil produce un campo de energía; una corriente regular y suave de energía electromagnética que circula libremente por la estructura del cristal. Esta libertad de movimiento es posible por la estructura molecular espiral de los triángulos equiláteros. La energía es arrastrada hacia y a través del cuerpo de cristal y entonces proyectada al exterior por su terminación/es. La liberación de energía puede ser estimulada por el calor de su cuerpo, luz solar directa, contacto con otros cristales, diferentes metales o pensamientos programados mentalmente. Cualquiera de estas interacciones puede convertir a los electrones en energía transformadora.

La energía emitida es comparable a las vibraciones emitidas por un grupo de personas con un pensamiento unánime; la diferencia es que la energía del cristal es uniformemente constante. Este efecto uniforme hace de ellos la mejor herramienta para crear un equilibrio armonioso entre su yo físico y su yo espiritual. Puede ayudarle a realinear cualquier desequilibrio energético y eliminar bloqueos que impiden la filtración de nuevos niveles de conciencia a la mente consciente.

Los cristales pueden llegar a ser una extensión de sus propias vibraciones, entrelazando su energía con la suya para que, convenientemente programados, liberen su mente de modo que le haga descubrir una conciencia de potencial ilimitado.

Por eso debe seleccionar cuidadosamente este instrumento de desarrollo. Consiga su cristal con su punta bien intacta y con sus seis facetas visibles en la superficie, la punta de un cristal mellado y la energía que emita será desenfocada. Su cristal también debe ser lo suficientemente pequeño como para caber en su mano; un tamaño muy apropiado está entre dos y cinco pulgadas de diámetro y altura. Las personas diestras deben probar las vibraciones del cuarzo con el cristal en la mano izquierda y la punta hacia arriba para que la energía de éste se dirija al cerebro; con la mano izquierda porque está conectada con el lado opuesto del cerebro, ya que éste está en el hemisferio derecho, la parte intuitiva de nuestra mente.

Para las personas zurdas, el proceso de prueba será a la inversa.

Sujete el cuarzo como le hemos indicado unos minutos hasta que experimente en su cuerpo las vibraciones de energía positivas, que algunas personas las experimentan en forma de cambios de temperatura en su cuerpo, destello de color en la mente o un sentimiento de compatibilidad pacífica. Si por el contrario se experimenta alguna sensación desagradable, elige otro cristal y repite el proceso; es imperativo para el poseedor del cristal que se sienta sincronizado con sus energías.

Se puede dar el caso de que sea la piedra quien le elija a usted, que no le atraiga físicamente pero las fuertes vibraciones que proyecta hacia usted le obligan a comprarlo. No debe preocuparse por ello salvo que le proporcione vibraciones desagradables, no es estéticamente el cristal más atractivo el necesariamente más correcto; siendo compatibles las vibraciones, nada debe importar que su cristal tenga o no una base nebulosa; considere a este cristal nebuloso como un reflejo de su propio desarrollo. Su todavía desconectado subconsciente está representado simbólicamente por la parte nebulosa del cuarzo; mientras que su yo consciente es como el vértice claro; lucha hasta sacar los aspectos subconscientes escondidos e intuitivos de su mente a nivel consciente y lograrás llegar a ser un cristal perfectamente claro. Cuando haya logrado que su conciencia interior empiece a tomar cuerpo es posible que su cristal se empiece a aclarar; la zona nebulosa de éste, ha de considerarla como su espejo personal, el cual refleja su progreso.

Su cristal debe llevarlo siempre consigo, sobre o cerca de su cuerpo, porque necesita tiempo, para absorber, fundirse y convertirse en una extensión de sus vibraciones personales. Piense

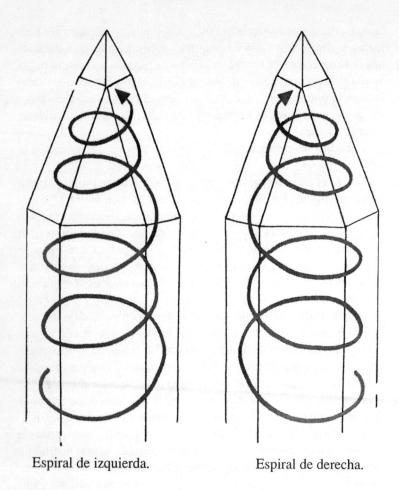

Espiral de izquierda.   Espiral de derecha.

que para que este cristal llegue a convertirse en una eficaz herramienta de desarrollo, no debe pasar menos de treinta días en contacto constante con usted, para que se produzca una total inte-
gración de las vibraciones; le aconsejo que por lo menos este
período de tiempo lo tenga, si no le es posible colgado al cuello,
asegurándole de que la punta esté enfocada hacia el exterior de su
cabeza para lograr una mayor conciencia espiritual. Es aconseja-

ble que lo tenga lo más cerca posible aun llevando a cabo cualquier rutina diaria, incluso dormir con él debajo de su almohada. Pero el método más efectivo es llevarlo como un colgante, suspendido el cristal en el centro del pecho.

Es posible que el poseedor de un cuarzo llegue a sobrepasar la energía de éste, el cual puede dejar de ser válido como herramienta de desarrollo; si esto llega a ocurrir, deshagase del cuarzo regalándoselo a otra persona que pueda utilizar las vibraciones. Es recomendable que cuando vaya a adquirir un cristal, examine con detalle toda su estructura, toma todo el tiempo que necesite con él en su mano familiarizándose con su textura, peso y temperatura. Inspeccione bien su estructura interna y observe detenidamente que no contenga ninguna marca extraña en su cuerpo; observe cómo la luz del Sol refleja el espectro de colores a través de él.

PURIFICAR SU CUARZO

Nada más adquirir su cristal debe de llevar a cabo la purificación de éste, ya que habrá pasado por muchas manos, y sus vibraciones habrán quedado retenidas en la superficie, asume inmediatamente que estas energías son negativas y no compatibles, y por lo tanto no debe mezclarlas con las suyas. Piense que un cuarzo virgen extraído de la mina, haga más o menos tiempo, ha pasado por varias manos en el proceso de extracción y envío. Su purificación ayudará a calmar y equilibrar los campos electromagnéticos en desorden antes de empezar a trabajar con su energía.

Para purificarlo nada hay más recomendable que la sal marina como limpiador para eliminar y purificar las vibraciones de la superficie; neutraliza las cargas eléctricas de la superficie del cuarzo y no afecta el programa interno. Prepara una taza de sal marina en su forma cristalina donde añadirá agua hasta un cuarto; tiene que tener presente que el agua no debe estar más caliente que la temperatura del cristal. Compruebe la temperatura del agua teniendo el cristal en una mano y la otra debajo del grifo de agua hasta que note que la temperatura de ésta es compatible con la del cuarzo. No use nunca un recipiente metálico para poner esta solución, porque podría dañar los sensibles electrones del cuarzo por el campo magnético que se produciría entre la sal y el recipiente. Preparado el recipiente para introducir el cristal, procede de la siguiente manera: primero tome el cuarzo con las dos manos elevándolo a la altura de sus hombros; concéntrese y pida mentalmente que se elimine toda la negatividad que posea su cristal. Las personas experimentadas con el trabajo de los cristales enseguida sintonizan con el cuarzo sumergido e intuitivamente sienten cuándo su cristal está purificado. El principiante lo tiene más difícil, con el tiempo también lo sentirá, por ello le aconsejamos que, dependiendo de dónde proceda el cristal que posee, el tiempo que debe tenerlo sumergido no sea inferior a venticuatro horas, para los cristales adquiridos en tiendas; inferior para aquellos que vinieran directamente de su lugar de origen, que puede oscilar entre quince minutos y varias horas, con estos tiempos siempre se asegura que todas las vibraciones acumuladas se eliminen. Una vez completa la purificación, ponga el cristal bajo el grifo de agua corriente y fría para activar su flujo de energía, si quiere use un cepillo suave para extraer cualquier detrito; seguidamente lo seca con un tejido natural, como puede ser algodón o seda, quedando listo su cuarzo para que lo programe.

PROGRAMAR SU CRISTAL

Su cristal es como una computadora portátil, con capacidad de recibir, almacenar y liberar una orden; hasta en su programación son similares; los dos requieren entradas claras y lógicas para extraer salidas concisas. La única diferencia que existe entre ambos métodos de introducción de información es que, mientras el ordenador necesita un complicado lenguaje, el cristal sólo necesita sencillos pensamientos gráficos y cotidianos, como son los pasos que le damos a continuación:

1. Despeje

En primer lugar antes de introducir un programa en su cristal, tiene que despejar el cuarzo de toda clase de pensamiento. Para ello sosténgalo con la punta hacia arriba en la palma de su mano izquierda, como le muestra la figura 1; concéntrese y dirija mentalmente un imaginario haz de luz blanca que fluye a través de su mano hacia la base del cuarzo, y sienta cómo sube por el cuerpo de éste y sale por la punta. Sienta que esta luz pasa también por los lados sentándose intuitivamente en el interior de éste; de esta forma su cristal queda libre de cualquier programación previa. Siempre que haga esta operación de despeje de un cristal, use el color blanco ya que este color es la forma pura de la energía vibracional que representa la suma de todos los colores. Su cristal ya está despejado y limpio, ahora es como una cinta casette lista para grabar.

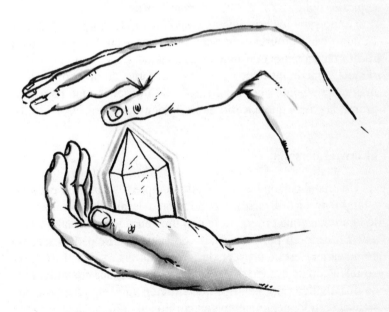

Figura 1.- Cristal de una punta pequeña.

2. Programar un cristal

Para los principiantes en esta materia es muy recomendable que cada cristal sólo contenga un programa, ya que si utiliza más de uno en su corta experiencia, los diferentes programas podrían originarles salida de mensajes confusos y conflictivos, pudiéndose contradecir unos con otros. Por lo tanto use un programa que sea sencillo, dejando para más adelante proyecciones más complicadas. Programe su cristal teniendo en mente los mayores beneficios que le pueda aportar; y si lo fabrica para otra persona actúe de la misma manera, teniendo en mente lo más beneficioso para su dueño. Esto significa formular un pensamiento incluyendo imágenes de autocrecimiento y desarrollo, teniendo especial cuidado de no programar ninguna impresión negativa en el cristal, porque ello sería ampliado y reflejado; toda imagen instalada mentalmente en el cristal se amplifica en los triángulos espirales del cuarzo, se libera y manifiesta.

Como sabe los cristales no responden al lenguaje verbal, por lo tanto cada programa se tiene que pensar cuidadosamente en forma de secuencia de imágenes; más adelante, con más experiencias, puede introducir sonidos y colores; en un comienzo es más recomendable la visualización de imágenes, que para programarlas tiene que hacerlo de la siguiente manera:

El cristal personal

Un cristal personal es aquel que siempre se va a llevar encima, o también va a utilizarse en meditación o desarrollo personal; por lo tanto tiene que programarlo con imágenes suyas: visualícese a usted mismo en perfecto estado de salud y felicidad; o sea, tal como quiere estar; proyectada la imagen en su cristal, rodéela también con un escudo protector, para que rechace cualquier tipo de negatividad impidiéndole que entre en su campo áureo. Consígala creando mentalmente una burbuja imaginaria la cual rodee su entera estructura física; creada de modo que le proteja, pero además que permita ver y experimentar el mundo sin dejar que situaciones o emociones negativas invadan sus vibraciones. Otra forma de proteger es la de construir un espejo alrededor del exterior de su escudo, el cual devolvería toda la negatividad a su fuente externa. Debe tomar personalmente decisiones que considere más correctas para usted.

Otro programa que incrementa la conciencia es el siguiente: proyecte una imagen suya con una luz blanca y pura rodeando el aura de su cuerpo; sirve para atraer las vibraciones superiores de frecuencias universales que aceleran su desarrollo. De hecho, usted está poniendo su cuerpo espiritual y físico en manos de lo que se ha dado por llamar fuerzas superiores que existen; según su creencia esto puede ser su alma, su Dios, su guía, o como quiera llamar usted a esta fuerza.

Ya es una persona que trabaja con cristales; pero aún le gustaría superarse más y llegar a ser mejor sanador, canalizador de información, artista, etcétera; no es difícil conseguirlo: proyecte una imagen de un proceso completo; o sea, si quiere curar con cristales, tiene que visualizarse a usted mismo realizando un tratamiento con éxito total.

Para las posibilidades de autocrecimiento, existe límite; si programa tiene que ser realista. Así lo que desea, le será concedido; aunque en ocasiones las respuestas puede que no sean inmediatas, no decaiga, esté seguro de que se manifestará; aunque a su parecer puede que no sea exactamente lo que esperaba. Recuerde ese viejo dicho que dice: «Ten cuidado con lo que pides, porque es lo que tendrás».

El cristal curativo

Este cristal se puede programar con la finalidad de tratar enfermedades espirituales y físicas. Para ello basta con implantar en el cristal la imagen mental de la persona enferma en perfecto estado de salud; si la enfermedad está especificada en algún lugar determinado, prográmelo visualizando la enfermedad y disipándose en una nube de humo viendo a la persona en perfecto estado de salud.

Cristal para regalo

Un cristal que se programa para regalo, debe hacerse visualizando a quien lo recibe en el interior de éste, dentro de su estructura en perfecto estado de salud y armonía con la vida. Antes de dar el cristal a quien lo va a recibir como regalo, quien lo regala debe llevarlo en contacto directo con su cuerpo unos días, para que queden impresas sus vibraciones en el cuarzo, que luego se mezclarán con las del nuevo dueño.

Este cristal también se puede programar para que elimine bloqueos de desarrollo; para que ayude en la curación, la meditación, o cualquier otra cosa que necesite quien lo recibe; basta con explicar, sin omisión, a la persona qué programa tiene y respetar su decisión en cuanto a si es o no compatible con sus vibraciones o desarrollo.

El cristal generador

Se programa como una fuerza conectora para activar y recargar otros cristales visualizando un rayo de luz blanca, o programando grandes generadores con proyecciones de paz mundial, visualizando todas las razas y países en perfecta paz y armonía.

Si tiene alguna carencia material que quiere cubrir, como comprarse un coche, un trabajo, una casa, cualquier cosa que le falte en la vida tiene que tenerlo en mente como interés primordial para usted. Para conseguirlo, coloque una foto de lo que usted considere primordial debajo de la base de su cristal; combine la forma pensada, lo que desea con la fotografía física, lo que hace que se incremente la fuerza del programa.

3. Instalar el programa

A la hora de introducir un programa en un cristal hay que tener presente que para cada tipo de cristal se requiere un método diferente, no todos se elaboran de la misma forma.

Cristal con una punta

Como ha podido observar en la figura 1, los cristales pequeños se sostienen en la mano izquierda cubriendo la base del cristal, y la mano derecha ahuecada sobre la punta. Los cristales de mayor tamaño los debe colocar en la base sobre una superficie plana y luego sobre la palma de la mano izquierda también con la punta hacia arriba y proceder de la misma forma. Si la base del cristal fuera irregular y no se puede mantener erguida sobre la superficie, puede apuntalarlo con plastilina, o cualquier otro material, y proceder de la forma que le muestra la figura 2.

Ya es el momento de instalar el programa, tiene que sentir que la forma pensada fluye de su mente a la mano que sujeta la base del cristal, sube por su cuerpo hasta la punta y vuelve de nuevo al programador para completar el circuito. Con el calor de su mano se excitan los electrones de la estructura interna del cristal, que incrementarán la salida de energía a través de la punta.

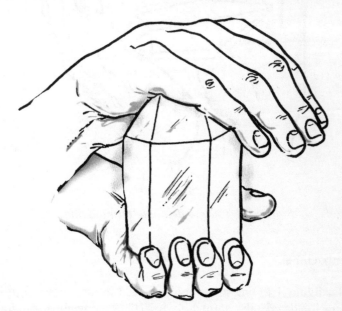

Figura 2.- Cristal de una punta grande.

Cristal de doble terminación

La figura 3 le muestra cómo debe sostener el cuarzo entre las palmas de sus manos con los dos extremos conectando los centros como si estuviera rezando. Proyecte el programa; el pensamiento fluirá en un círculo desde la mente a cada extremo simultáneamente. Los electrones de cada terminación fluirán hacia el centro del cristal, donde se mezclarán y empezarán a irradiar caminando de un extremo a otro, amplificando y agrandando el pensamiento, ya que el cristal es de dos puntas, el programa será muy poderoso.

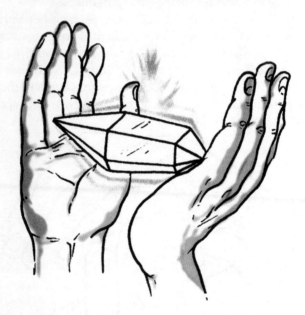

Figura 3.- Cuarzo de doble terminación.

Agrupaciones

La figura 4 le muestra cómo se puede llevar a cabo la programación de cristales agrupados, pero también se puede programar uno a uno por separado. Agrupados, tiene que proyectar una imagen mental sencilla para todos los cuarzos, agrúpelos todos como le muestra el dibujo, como un cristal único. Sitúe su mano izquierda debajo de sus bases y cubra con la mano derecha todas, o la mayoría de las puntas, proyectando el pensamiento durante un rato, mientras sostiene la base con la mano izquierda; los programas han de ser todos compatibles, ya que las energías comparten una base común.

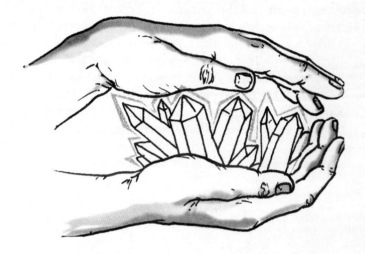

Figura 4.- Agrupación de cuarzos.

Repetir el programa

Durante siete días consecutivos debe proyectar sobre su cristal las mismas imágenes repetidas veces, con ello se asegura que el programa queda suficientemente fijado; según sea la complejidad del programa, bastaría con unos minutos de repetición cada día, es usted quien marcaría el tiempo y la forma según el programa que le haya hecho a su cuarzo.

Con la repetición, la mente y el cristal quedan condicionados para aceptar y recibir el programa. La mente empieza a preparar psicológicamente las condiciones para conseguir la respuesta que desea, mientras que el cuarzo amplifica repetidamente el pensamiento.

La negatividad

En raras ocasiones después de haber purificado, despejado y programado un cristal puede que siga detectando en él negatividad. Esta negatividad la puede definir como incompatibilidad con las vibraciones del dueño; se siente que el cristal quema o por lo menos la sensación de que quema al agarrarlo; también que puede proyectar imágenes desagradables en el desarrollo de una meditación, puede que intuitivamente no lo sienta, pero con una programación negativa arraigada en un cristal, éste nunca será una buena herramienta de desarrollo. La mejor solución que tiene para este cristal, es la de deshacerse de él enterrándolo en un lugar remoto y olvidarse de que existe.

Normas para la limpieza

Todo cuarzo cada dos semanas se debe aclarar bajo agua corriente fría, con este aclarado eliminará de su cristal cualquier acumulación de polvo de su superficie, el cual podría reducir su efectividad; puede, después del aclarado, frotar su cuarzo con una fibra natural suave si lo considera necesario para estimular sus campos de energía.

Los cristales curativos absorben las vibraciones de los malestares emocionales y físicos durante el tratamiento de un enfermo. Tiene que evitar que esas energías contaminen otros cristales o personas. Para ello hay que sumérgelo en una solución salina por un tiempo no menor a quince minutos; como regla mínima general; pero la duración de limpieza de un cuarzo se tiene que calcular según el grado de relación emocional de la persona en tratamiento con el cristal. Una gran parte muy considerable de negatividad se elimina cuando dicha persona llora, solloza, o tiembla; de todas formas vaya sobre seguro y alargue el tiempo de limpieza de su cristal al menos a veinticuatro horas.

El que sana con cristal está expuesto a absorber la negatividad del enfermo en su aura. La forma más sencilla que hay para evitar una posible contaminación emocional o reacciones físicas, es la de lavarse bien las manos bajo agua corriente después de acabar cada sesión, es lo mínimo que le ayudará a eliminar las vibraciones negativas del cuerpo; usted que hace el trabajo sabrá si es más recomendable tomar una ducha completa.

Cargar el cuarzo de energía

Si su cristal recibe poca luz solar, poco a poco irá perdiendo parte de sus propiedades. Como el cuarzo necesita luz natural le aconsejo que al menos una hora cada día lo tengas expuesto a la luz directa del Sol, para que no pierda propiedades y además se cargue de energía. Si no le es posible hacer esta operación cada día, puede realizarla un solo día a la semana, manteniéndolo expuesto a la luz solar no menos de cinco horas.

Si tiene más de un cristal conviene que los tenga agrupados todos juntos en forma circular o triangular, ayuda a mantener estable la energía entre ellos.

Precauciones para con los cristales

1. Nunca exponga su cuarzo a la luz artificial largos períodos de tiempo y en especial a la luz de los fluorescentes, ya que la estructura molecular que posee el cristal puede alterarse o sufrir daño permanente a causa del efecto oscilante de las frecuencias de la luz artificial.

2. No coloque jamás su cristal sobre una superficie magnética, ya que a causa de la repolarización sus programas se borrarían rápidamente.

3. Nunca vuelva a limpiar en una solución salina ya usada para el mismo menester, porque la sal conserva las vibraciones anteriores, que pueden liberarla de nuevo en siguientes cristales.
4. No toque jamás un cristal que pertenezca a otra persona al menos que le autoricen, aunque en realidad no debería hacerlo ni con autorización, con eso evitaría que sus vibraciones se incorporen a su cuarzo.
5. No permita que nadie maneje su cristal personal; las vibraciones de éste están sintonizadas específicamente con las suyas.
6. Nunca debeacercarse a sus cristales si se encuentra alterado o enfadado, porque ellos absorberían su negatividad de ese momento y se la devolverían ampliada.

Es muy importante tener siempre presente estos seis puntos de precaución. Además, cuando vaya a transportar los cristales de un lugar a otro toma la precaución de envolver cada uno por separado en material natural suave, asegurándose bien de proteger las puntas.

V

LOS CUERPOS SUTILES

Todos sabemos hoy día que el aura de cada uno es el conjunto de todos los cuerpos sutiles que se divide en tres capas principales; como ve en el dibujo siguiente la capa más cercana al cuerpo físico, se la conoce como *cuerpo etérico* o *cuerpo energético;* la segunda capa está denominada como *cuerpo astral* o *emocional,* y la última, más alejada del cuerpo físico, se la denomina *cuerpo mental;* estos tres cuerpos, forman el aura personal de cada uno.

Bajo condiciones normales la radiación de estas tres capas se extiende hasta tres o cuatro metros del cuerpo físico, pero su zona más activa está concentrada entre los 40 y 70 centímetros.

CUERPO ETÉRICO O ENERGÉTICO

Se encuentra en contacto directo con la piel, y ante quien puede verlo, se presenta como una niebla gris-violácea. Tiene la función de contener la energía del cuerpo físico, y la capacidad de absorber y retener la energía cósmica o energía universal; el llamado *prana* de los hindúes, el cual constituye el principal elemento de nutrición de nuestra estructura física.

El cuerpo etérico permite, asimismo, detectar el estado del cuerpo físico, ya que en un estado de salud física, mental y espiritual completa, el cuerpo astral se presenta intacto, pero enseguida que existe alguna dolencia o alteración se deteriora inmediatamente mostrando discontinuidades y fracturas.

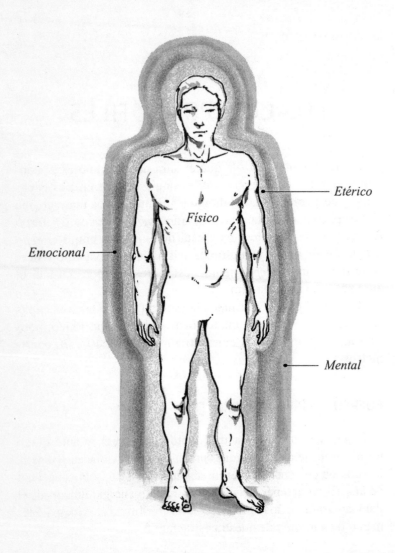

CUERPO EMOCIONAL O ASTRAL

Extendido alrededor del cuerpo etérico, envolviéndolo, está encargado de almacenar las emociones y los sentimientos, tales como el miedo, el valor, la alegría, el dolor, el pesar, el amor, el odio, etc. Desde allí, los sentimientos son liberados a la estructura física mediante galillos casuales o circunstanciales; como por ejemplo, la presencia de un peligro provoca una sensación de temor, que a su vez dispara los mecanismos de segregación de adrenalina, preparando el cuerpo para la reacción de defensa.

CUERPO MENTAL

El cuerpo mental también puede desencadenar intensos síntomas físicos, lo mismo que el cuerpo emocional; por ejemplo, cuando alguien comete un acto, que se reprocha a sí mismo mentalmente, la culpa que genera ese acto puede derivar inconscientemente en una dolencia física o enfermedad.

Procesando y evaluando los datos mediante la inteligencia aplicada, la memoria, la cordura, la sensatez y la disciplina, entre otros instrumentos de discriminación, el cuerpo mental es el encargado de equilibrar los cuerpos etérico y emocional.

Si los cuerpos emocional y mental tienen demasiada preeminencia sobre el cuerpo etérico, pueden generar una reacción desmedida, que redundará enseguida sobre el cuerpo físico. La salud holística perfecta, sólo se consigue y mantiene mediante un perfecto equilibrio entre los cuatro cuerpos: el físico, el etérico, el emocional y el mental.

Percibir el cuerpo energético de las personas que te rodean, no se puede detectar mediante los sentidos corporales, pero sí mediante tu propia aura, ya que ésta se encuentra total y permanentemente en contacto con las de toda persona que se encuentra a tu alrededor; por ejemplo: cualquier madre sin ningún síntoma físico se da cuenta de que su hijo está enfermo; es por su aura que detecta la dolencia aún antes de que se presenten los primeros síntomas, esta característica es común en todas las especies, ya sea humana o animal, siente cuando se encuentran en peligro, precipitándose hacia ellos para protegerlos.

LOS CHAKRAS: CARACTERÍSTICAS Y APLICACIONES

Desde tiempos inmemoriales los antiguos códices médicos orientales nos hablan de siete centros energéticos principales ubicados, dos de ellos, en la cabeza y los cinco restantes a lo largo de la columna vertebral. La tradición hindú los menciona bajo el nombre de chakras, y en la actualidad reciben también la denominación de plexos.

En la filosofía yoga, estos chakras se definen como vértices áuricos, mediante los cuales se produce el intercambio de materia sutil entre el cuerpo físico y el cuerpo energético. Para la medicina holística complementaria, los chakras son centros psíquicos de actividad vital (el *prana* de la filosofía yoga), comunicados entre sí mediante los sistemas simpático, parasimpático y autónomo.

Desde el punto de vista de algunos autores contemporáneos, los chakras pueden definirse también como puntos nodales del aura, destinados a la recepción y transmisión de la energía cósmica, como también de una infinidad de otras energías menores (positivas y negativas) emanadas por innumerables fuentes, como, por ejemplo, el medio ambiente, el entorno, la conciencia colectiva (grupal, familiar, de una nación, de la humanidad, etc.) y las presiones laborales y sociales, por mencionar sólo algunas. Todas estas radiaciones se canalizan a través de los chakras y pasan a formar parte del caudal energético de la persona.

Cada uno de los chakras está directa e íntimamente relacionado con una glándula endocrina, o de secreción interna, que constituye la concreción física de ese chakra y solamente de él. Esta conexión chakra-glándula se concreta por medio de los nadis (conductores sutiles), a través de los cuales se canalizan hacia la glándula en cuestión todas las energías primarias y secundarias absorbidas por el chakra asociado. Como respuesta a esa radiación, la glándula segrega y descarga en el torrente sanguíneo la hormona correspondiente, provocando en el cuerpo físico los resultados positivos o negativos que determinan el estado de salud física, mental y espiritual de la persona.

LOS SIETE CHAKRAS MAYORES

Existe gran cantidad de chakras menores en el cuerpo humano, pero aquí nos referimos únicamente a los siete chakras principales, según los mencionan las antiguas escrituras hindúes, entre ellas el *Ayurveda,* el milenario texto de medicina yoga, que identifican a cada uno de ellos con una frecuencia cromática determinada. En los párrafos siguientes analizaremos brevemente cada uno de esos chakras mayores en particular, relacionándolo con la glándula que rige, su ubicación en el cuerpo físico y sus colores específicos.

Plexo base o raíz-chakra Muladdhara

Significa *raíz* o *base.*
Está situado en el extremo inferior de la columna vertebral, delante de las tres últimas vértebras de cóccix.

Controla: Las glándulas suprarrenales y los órganos duodeno, intestino delgado, intestino grueso, intestino ciego, apéndice, recto y ano.

Colores que regenta: Negro y rojo oscuro (morado). El negro es la ausencia de luz, de energía, es por lo tanto el color indicado para la eliminación de radiaciones nocivas, tanto del cuerpo físico como del aura de cada persona. El morado, compuesto de negro y rojo, aporta a esa tarea de limpieza las virtudes del último tono.

Aplicación: Para terapias físicas, emocionales y espirituales; estando activo y armonizado, arraiga los poderes espirituales en el cuerpo físico, de modo que equilibra a la persona dándole prudencia, mesura y sobriedad en sus actuaciones. Del mismo modo le permite desarrollar mayor capacidad para llevar el amor y la devoción al plano material y cotidiano. Si este chakra se encuentra bloqueado, se tienen sentimientos de temor, inquietud, enfado y frustración; los indicios de este bloqueo se encuentran en contractura de la mandíbula y los hombros y en agresiones a las personas cercanas como respuesta a una inseguridad propia. Otros síntomas posibles pueden concentrarse en trastornos orgánicos, como obesidad, ciática, artritis deformante, anorexia y hemorroides, que desaparecerán con la activación o apertura de este chakra, que aporta paz y serenidad.

Cristales, minerales y gemas asociados: Nigrolita (turmalina negra). Obsidiana. Ónice negro. Cuarzo ahumado (morión). Heliotropo (jaspe sanguíneo). Carbúnculo. Azabache. Coral negro. Granate. Magnetita (hematita morada).

Plexo sacro o sexual-chakra Svadhishthana

Significa *«el lugar propio de uno»*. Está situado junto a la primera vértebra lumbar, en la zona genital.

Controla: Los ovarios, la próstata, los testículos, la cavidad pélvica y los órganos reproductores.

Colores que regenta: Rojo, escarlata, bermellón. La fuerza vital del color rojo constituye el antídoto perfecto contra el temor y la timidez, y resulta ideal para combatir todos los estados depresivos, como melancolía, tristeza, pesar, depresión, y en la parte física, anemia, bradicardia, hipotensión arterial, anorexia, etc. Este color sustenta la transmutación del rojo opaco y oscuro de un aura deficientemente desarrollada, en el tono carmesí brillante que representa uno de los pasos decisivos en la evolución de la persona.

Aplicaciones: El equilibrio de este chakra influye sobre el placer y el deseo sexual, así como también sobre los problemas menstruales y la procreación. El chakra Svadhishthana controla todas las secreciones delgadas del cuerpo, como la sangre, el suero, exudaciones, sudor, etc. Su desequilibrio puede provocar impotencia, problemas uterinos, frigidez, disfunciones renales y vesiculares y dolores en la parte baja de la espalda. En la parte espiritual, incrementa el funcionamiento de las fuerzas creativas y conduce hacia la satisfacción emocional y la atracción por el sexo opuesto.

Cristales, minerales y gemas asociados: Rubí. Cornalina. Ámbar rojo. Morganita (berilo rosa). Coral rojo. Hematita roja. Sanguinaria (jaspe sanguíneo o heliotropo). Ópalo de fuego. Sardónice. Rubelita (turmalina roja).

Plexo solar o umbilical-chakra Manipura

Significa «*ciudad joya*».
Está ubicado en el área umbilical, frente a la octava y novena vértebras dorsales.

Controla: El bazo, el hígado, la cavidad abdominal, el sistema digestivo y el sistema termorregulador.

Colores que regenta: Naranja y amarillo-dorado. Ambos tonos se generan por la combinación de dos colores primarios: el rojo y el amarillo. A las mencionadas virtudes del primero, se suman el conocimiento y la sabiduría aportadas por el segundo, dando al naranja y al dorado formidable fuerza dinámica, controlada por la mesura y la moderación. Combina un tremendo empuje para encarar los problemas, tanto físicos como espirituales, con la capacidad de tomar decisiones acertadas y sabias.

Aplicaciones: Para terapias físicas, emocionales y espirituales. El plexo solar es la sede de las emociones y sensaciones, por lo que el correcto equilibrio de este chakra tiene una inmediata influencia sobre la evolución del ego, el desarrollo de la voluntad, el deseo de sentirse importante y la confianza en sí mismo.

La correcta activación del chakra Manipura se exterioriza por actos de caridad, dedicación a los demás, voluntad de servicio y actitudes altruistas. Permite la asimilación y canalización de la experiencia hacia fines concretos. En el plano estrictamente físico controla la digestión y rige la actividad de los órganos sensoriales, especialmente la vista, el oído y el olfato.

Cristales, minerales y gemas asociados: Cuarzo citrino. Topacio. Ágata dorada. Ambar. Jacinto. Jaspe dorado. Ojo de tigre. Ópalo dorado. Sarda.

Plexo cardíaco-chakra Anhata

Significa *«sonido no percutido»*.
Está situado en el centro del pecho, en el punto medio de la línea que une ambos pezones, junto a la octava vértebra cervical.

Controla: El timo, el corazón, los pulmones, las costillas, el diafragma, la cavidad torácica, los músculos intercostales y la pleura.

Colores que regenta: Verde y rosa. El verde es la combinación del amarillo y el azul y por lo tanto reúne las virtudes del primero, con la fuerza direccional y focalizada dirigida por el espíritu. Es el color de la vida y por lo tanto aporta bienestar, lozanía y alegría. En el plano físico calma los nervios y músculos agotados, los dolores de cabeza y las consecuencias del estrés.

El rosa, por su parte, combina el ímpetu y la vehemencia del rojo con la multidireccionalidad del blanco, determinada por ser este último color la suma de toda la gama del espectro y, en consecuencia, proporcionar todas las características de los demás colores.

Aplicaciones: Para terapias físicas, emocionales y espirituales. Hay quienes afirman que, si el chakra Anahata se encuentra activo, todos los demás plexos se ponen en sintonía con él, dando fin a dolencias físicas como asma, hipertensión arterial, taquicardia y trastornos circulatorios.

En el plano emocional libera los traumas no-elaborados y permite manifestar amor mediante la expresión corporal y asimilar los sentimientos ajenos sin perder la propia identidad.

Facilita la toma de conciencia de la relación alma/corazón. La anatomía moderna lo relaciona con todo el sistema dérmico y el sentido del tacto, y se ha observado que, si se lo irradia durante un tiempo prolongado, produce una marcada aceleración del ritmo cardíaco.

Cristales, minerales y gemas asociados: Venturina. Peridoto (olivina). Malaquita (verde). Esmeralda. Turmalina verde. Rodocrosita. Cuarzo rosa. Kuncita. Turmalina rosa. Ágata musgo. Cornalina. Jade (verde o rosa). Jaspe (verde). Prasio (cuarzo verde). Vireolita (peridoto de Ceylán).

Plexo de la garganta o laríngeo-chakra Vishudda

Significa «con pureza».

Está situado frente a la laringe, a la altura de la tercera vértebra cervical.

Controla: El tiroides y paratiroides, la laringe, la faringe, las cuerdas vocales, la voz y el cuello.

Colores que regenta: Azul. Es la concreción visible de la frecuencia del espíritu; una fuerza de colosal intensidad potencial dirigida y encauzada por la mente. Es el color de la creatividad y la expresión plasmada en obras.

En el plano físico, alivia las inflamaciones, llagas, laceraciones y afecciones dérmicas.

Aplicaciones: Para terapias físicas, emocionales y espirituales; estando activo y equilibrado, ayuda a comprender los principios divinos y las leyes cósmicas, proporcionando así calma, paz y serenidad. Su correcta armonización está íntimamente ligada a la creatividad, la libertad de expresión, y la comprensión y transmisión de verdades captadas en planos superiores de la realidad. Actúa eficazmente sobre el sistema inmunológico, manteniendo el organismo libre de gérmenes, en particular las linfas espesas y el esperma.

Estando bloqueado este chakra, se registran dolores en el cuello, inflamaciones de la garganta, afecciones tiroideas y, en los casos más graves, problemas de bocio e hipertiroiditis.

Cristales, minerales y gemas asociados: Ágata de encaje y azul. Crisocola. Turquesa. Silicio. Aguamarina. Lapislázuli (lazulita). Sodalita. Indicolita (turmalina azul). Azurita.

Plexo de la frente o del tercer ojo-chakra Ajna

Significa *«centro de control o de mando»*.
Está situado en el centro de la frente, en el punto medio entre ambos ojos, junto a la primera vértebra cervical.

Controla: La glándula pituitaria, los ojos, los nervios ópticos, el tercer ojo, el sistema de control graso y los centros principales inferiores del cerebro.

Colores que regenta: Índigo, violeta y púrpura. Constituyen tres combinaciones sutilmente diferenciadas del azul (espíritu) y el rojo (materia), y como tal, representan el punto entre lo material y lo inmaterial, entre lo físico y lo espiritual, entre lo finito y lo infinito.
Es el color de la introspección y propone al individuo el ascenso al plano supremo de la evolución humana. El púrpura era el color de las vestimentas reales y lo es aún de las túnicas de los más altos prelados de la Iglesia, como así también de las piedras de sus anillos, en alusión a su posición.

Aplicaciones: Para terapias físicas, emocionales y espirituales. Es el chakra rector de la intuición, la clarividencia y los poderes extrasensoriales. Estando activo y armonizado, permite entrar en contacto con niveles y entidades superiores y aprender de ellas. Equilibra los estados mentales alterados.

En el plano espiritual, limpia y armoniza el subconsciente para una canalización más creativa de la intuición, a la vez que ayuda a tomar decisiones basadas en esa intuición implementada.

En casos de bloqueo del chakra Ajna, suelen producirse dolores de cabeza y de los globos oculares, disfunciones visuales, como miopía y astigmatismo, hipertensión ocular, ojos llorosos y, en los casos más graves, cataratas, glaucomas y ceguera.

Cristales, minerales y gemas asociados: Amatista. Malaquita azul. Zafiro. Fluorita. Sugilita. Siberita (turmalina índigo).

Plexo de la corona o pineal-chakra Sahasrara

Significa *«loto de los mil pétalos»*.
Situado en la parte superior del cráneo.

Controla: La glándula pineal (relaciona los cuatro lóbulos cerebrales), la corona y los centros principales superiores del cerebro.

Colores que regenta: Blanco y cristalino (hialino). El blanco es la sublimación de todos los colores en uno y, por lo tanto, aporta las características de todos ellos combinados. Con respecto a los cristales hialinos, como el cuarzo, si bien carecen en realidad de un color definido, su transparencia los transforma en excelentes canalizadores de toda la gama del espectro, proporcionado por la luz solar y la Vibración Rectora, o Energía Cósmica, según el concepto que se le adjudicara anteriormente.

Aplicaciones: Para terapias físicas, emocionales y espirituales. El correcto equilibrio de este chakra lleva al conocimiento perfecto y a un estado superior de conciencia. Abre el camino hacia el conocimiento perfecto, la sabiduría superior y la comprensión de la perfección divina.

Al bloquearse las energías de este chakra pueden desarrollarse síntomas mentales y emocionales tales como depresión, locura, apatía, problemas de comportamiento en los chicos, incapacidad de aprender, confusión y, en los casos graves, autismo, doble personalidad y brotes esquizoides.

Cristales, minerales y gemas asociados: Selenita (piedra lunar o adularia). Cuarzo hialino. Agata blanca. Goshanita (berilo hialino). Diamante Herkimer. Hialita (ópalo noble, o hialino). Acrolita (turmalina incolora). Leucozafiro (zafiro hialino).

VI

MEDITAR CON CRISTALES

A través de la meditación con cristales, aprendemos también a proyectar y concentrar nuestra atención que pasa del plano físico hacia la cuarta dimensión, pasando luego a dimensiones superiores.

Acceder a su silencioso yo interno, se consigue a través del arte de la meditación; meditación (pensar en algo); el arte (la habilidad que se tiene, o adquiere). Por eso cuando meditamos, estamos desbloqueando las energías intuitivas de nuestra mente y desarrollando la habilidad de pensar, que sin ésta, nuestro desarrollo o crecimiento será siempre menor.

Meditando nos desconectamos de las partes del pensamiento consciente fluyendo nuestro yo interno del subconsciente libremente aliviado de censura.

Estando en este proceso de meditación, nuestro estado de conciencia se encuentra altamente alterado. Debe considerar su cristal como un instrumento intermediario de su elección para la apertura de su mente. Cuando combine adecuadamente las técnicas apropiadas en la meditación, el progreso será rápido lo mismo que el pensamiento.

Es conveniente que cada día dedique un tiempo fijo para su meditación. Tómelo como una necesidad cotidiana más, igual que comer, y dormir gradualmente, logrando así que su meditación se incorpore al horario biológico de su cuerpo siéndose más efectiva. El primer paso que tiene que dar antes de empezar con la mecánica de los ejercicios de meditación es familiarizarse con el papel que juegan los colores para este menester (ver cuadro de abajo).

LOS COLORES Y SUS PROPIEDADES		
Color	**Propiedades**	**Cuándo usarlos**
Rojo	Fuerza Poder	Falta de vitalidad Depresión
Naranja	Autoconfianza Valor	Inseguridad Dudas del yo
Amarillo	Felicidad Estimulación	Miedo, estrés Tensión
Verde	Curación Equilibrio	Egoísmo Celos
Azul	Paz Serenidad	Nerviosismo Inquietud
Índigo	Intuición Conciencia	Indecisión Bloqueos
Violeta	Creatividad Iluminación	Aburrimiento Falta de crecimiento espiritual
Blanco	Pureza Abarca todos los colores	Completo Protección

Los psicólogos han demostrado que el rojo invoca la cólera, el azul da sensación de paz, el amarillo estimula el intelecto, el naranja fortalece la confianza en uno mismo y así con todos.

A nivel del subconsciente todos usamos los colores. Con la práctica de la meditación las vibraciones de los colores se usan a un nivel consciente.

Cada uno de los colores de nuestro mundo tridimensional tiene cualidades únicas. Por ejemplo, como has podido comprobar en el cuadro adjunto, el rojo tiene la propiedad de transmitir fuerza y poder a una persona que sufre de falta de energía. El índigo (azul purpúreo) incrementa la conciencia para sobreponerse a un bloqueo espiritual.

Decida antes de iniciar la meditación qué aspecto quiere que sea alterado y seleccione luego el color adecuado para complementar y ayudar en este acto.

1.ª—MEDITACIÓN (LA PIRÁMIDE)

El principiante en el arte de meditación debe elegir cuidadosamente el lugar donde llevarla a cabo. Más adelante cuando tenga experiencia, cualquier lugar, sin que le importe lo que le rodea, puede servirle para entrar en estado de conciencia alterado; para ello elija, si es principiante, un lugar tranquilo, con una iluminación suave; si lo considera necesario, una música tranquila y suave ayuda a centrar la mente y a cubrir los ruidos molestos. Existen en el mercado muchas cintas de meditación, donde se utilizan técnicas de inducción por música y voz, puede usar también mandalas, para aquietar la parte izquierda del cerebro con sus laberintos geométricos interminables, o el poder de la mente/voluntad.

Siéntese en el suelo cara al norte, o bien en una silla de respaldo recto, que la ropa no tle oprima nada, y consiga estar lo más cómodo que pueda, pero sin dormirse.

Los dos pies planos sobre el suelo o adopta la posición del loto. Puede sostener su cristal personal con la mano izquierda o con ambas manos descansando en el regazo, tal como ve en el dibujo que sigue.

I

1. Cierre los ojos.
2. Realice tres inspiraciones cortas consecutivas por la nariz y llene los pulmones.
3. Conténga cada inspiración contando hasta tres.
4. Realice tres espiraciones cortas por la boca con los labios fruncidos, expulsando todo el aire de los pulmones.
5. Repita este proceso dos veces más. Puede que experimentes un ligero mareo. No te excedas.

II

6. Cuente hacia atrás de nueve a uno para establecer una pauta de respiración profunda, natural y rítmica.
7. Informe a su control biológico de tiempo de que se devuelva a la conciencia plena en quince minutos. Si no confía en su reloj interno, haga que alguien interrumpa la sesión a la hora determinada. Es sorprendente, sin embargo, lo preciso que se vuelve nuestro bio-reloj con práctica.

III

8. Con los ojos bien cerrados, escoja un color de trabajo que se ajuste a su estado emocional en ese momento.

IV

9. Construya mentalmente una pirámide de cuatro lados alrededor de su cuerpo.
10. Forme su vértice a un pie por encima del centro de tu cabeza.
11. Gradúe uniformemente los cuatro lados de la pirámide desde el vértice hasta el suelo. Los dos extremos traseros caerán detrás del cuerpo. Los dos extremos frontales acabarán a cada lado de los pies tal como le muestra el dibujo de la pirámide.

12. Llena la estructura con el color pre-escogido para conseguir una carga completa de energía.

LA PIRÁMIDE

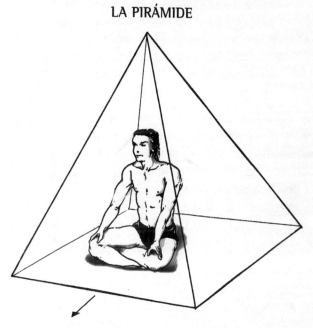

Posición del Loto.

13. Siéntese en el interior de esta configuración y fluya mentalmente con las nuevas energías creadas.
14. Compruebe que todos los músculos de su cuerpo están relajados. Dirija mentalmente más energía de color a las posibles zonas alteradas.
15. Trate y permita que los pensamientos de su mente fluyan libremente. Gradualmente, el discurso consciente cesará para dar paso a un estado de conciencia alterado. Quizá necesite varios intentos antes de que esto ocurra de forma completa.

VI

16. Cuando los quince minutos establecidos se consuman, cuente lentamente de uno a nueve.
17. Abra los ojos y tome conciencia de su cuerpo y del cristal.
18. Borre mentalmente la estructura de la pirámide.

Reflexiones

Al crear la estructura de la pirámide imaginaria, ha creado el espacio que contendrá la energía de su cristal personal y cualquier pensamiento proyectado por la mente. En este estado inicial, sólo el concepto de estructura es lo único que necesita tener claro; con esta práctica su mente estará condicionada y puede proyectar pensamientos fuera de su cuerpo.

Debe repetir la meditación, a la misma hora cada día, hasta que se sienta cómodo por completo con las energías recibidas.

2.ª MEDITACIÓN (ESTRUCTURA DE PIRÁMIDE AVANZADA)

Este segundo ejercicio le llevará un paso más allá del trabajo conjunto con las energías del cristal y las del cuerpo. Si en el transcurso de ésta, experimenta algún malestar físico o espiritual, inmediatamente detenga la sesión y siga con la primera meditación hasta que su cuerpo y su mente estén capacitados para tener vibraciones más poderosas de energía.

Siéntese en el suelo cara al norte, o bien en una silla de respaldo recto, toda la ropa que roce su cuerpo, que no le oprima nada, consiga estar lo más cómodo que pueda, pero sin dormirse; los dos pies planos sobre el suelo o adopta la posición del loto. Puede sostener su cristal personal con la mano izquierda o con ambas manos descansando en el regazo tal como ve en el dibujo que sigue.

1

1. Cierre los ojos.
2. Realice tres inspiraciones cortas consecutivas por la nariz y llene los pulmones.
3. Contenga cada inspiración contando hasta tres.
4. Realice tres espiraciones cortas por la boca con los labios fruncidos, expulsando todo el aire de los pulmones.
5. Repita este proceso dos veces más. Puede que experimente un ligero mareo. No se exceda.
6. Cuente hacia atrás de nueve a uno para establecer una pauta de respiración profunda, natural y rítmica.

LA PIRÁMIDE

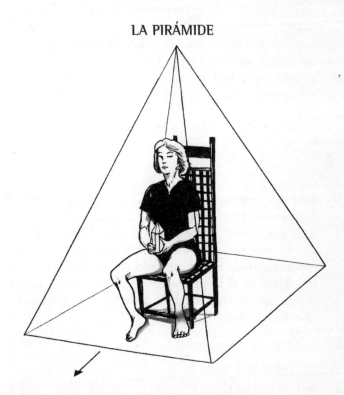

Sentado en una silla.

7. Informe a su control biológico de tiempo que le devuelva a la conciencia plena en quince minutos. Si usted no confía en su reloj interno, haga que alguien interrumpa la sesión a la hora determinada.

II

8. Forme la estructura de la pirámide y use el color azul del entendimiento, la comprensión y la paz.
9. Empiece a empujar esta energía azul mentalmente desde la base de la pirámide hacia arriba. Siéntala subir lentamente hasta que la energía fluya de su cabeza al vértice de la estructura. El espacio interior se convertirá en un capullo de luz azul cálida y sedante. Con la punta del cristal hacia arriba, las vibraciones de energía de la Tierra fluirán desde sus pies al cristal. Este, a su vez, dirigirá la energía al vértice de la pirámide. Cuando las vibraciones alcanzan este punto, la energía fluye de nuevo hacia tus pies; el ciclo se completa y de nuevo comienza.

III

10. Empiece por concentrar su conciencia en el cristal. Sienta su textura, temperatura y forma.
11. Deje que se haga más y más grande hasta que sea lo suficientemente grande como para contener su cuerpo. Busque una entrada en su base, lados o en la punta. Proyecte mentalmente el cuerpo a través de esa puerta. Experimente una suave sensación de atracción mientras se completa la transición.

IV

12. Imagine su yo físico flotando dentro del interior blanco y claro del cristal.

13. Conviértase en el cristal, viendo, probando, sintiendo y siendo consciente de todas las sensaciones.

V

14. Cuando pasen los quince minutos, cree una puerta de salida opuesta al punto de su entrada.
15. Imagine su cuerpo pasando lentamente a través de esta abertura. De nuevo, experimente una sensación suave de empuje mientras la conciencia regresa.
16. Vea el cristal haciéndose más y más pequeño hasta que descanse sobre su/s manos/s.
17. Hágase consciente de la pirámide azul de luz.
18. Cuente despacio de uno a nueve, de vuelta a la conciencia.

Reflexiones

Los principiantes en el arte de la meditación, con un cristal, nunca han de permanecer en este estado de meditación un tiempo superior a quince minutos, que podrán ir aumentando más adelante, cuando hayan ganado en tolerancia, este período de meditación pueden alargarlo.

Si no experimenta ninguna sensación mientras está dentro del cristal o la pirámide, no se desanime; las fuerzas abstractas de visualización e imaginación sólo se exteriorizan con la práctica.

También algunos días, le será imposible alcanzar un estado de meditación. No se preocupe, aunque usted no lo crea su cuerpo y su mente están aprendiendo a relajarse con el mero hecho de estar sentado esos quince minutos.

Si alguna vez la energía creada en el interior de la pirámide se hace abrumadora, cubra la punta del cristal con su pulgar, esto corta el flujo de energía. Retire mentalmente la pirámide y reanude el proceso otro día.

Esta meditación debe repetirse hasta que se alcance un grado de visualización. Cuando esté listo para avanzar en el desarrollo, proceda con el siguiente ejercicio.

3.ª MEDITACIÓN (APERTURA DE LOS CHAKRAS)

Con los siete chakras abiertos, obtendrá unos beneficios mentales y físicos de la meditación.

En el capítulo IV le explicamos las características y aplicaciones de los siete chakras mayores, repáselos para hacer seguimiento al texto de este capítulo.

Cada chakra ejecuta una función específica y está ligado a un color. El chakra de raíz Mulddhora se asocia con el color rojo. Cuando este centro está abierto y funcionando a plena capacidad, aumenta la energía del cuerpo. Cuando el naranja del chakra (Manipura) del bazo está despierto aumenta la autoestima personal y así con todos, cuerpo hacia arriba, hasta alcanzar el chakra (Sahasrara) de la corona.

En los ejercicios de meditación de este libro, no haremos mención a lo que algunos autores creen que hay: el octavo chakra por encima de la corona de la cabeza que, cuando se abre, tiene las propiedades de la luz blanca pura, lo que quiere decir que conecta con fuerzas metafísicas superiores (Dios, el yo superior, etc.).

El despertar de todos los chakras es importante, pero el tercer ojo al estar ligado al centro intuitivo de la mente requiere atención especial. No existe ninguna conexión entre este centro y los ojos físicos. Es un punto esotérico entre la nariz y los ojos que todo ser humano posee.

Relacionado con la aletargada glándula pineal, antiguamente los primeros hombres utilizaban este chakra para ver la materia no sólida. Esta habilidad hoy en día está carente en los hombre modernos ya que no la utilizamos, al igual que la mayoría de nuestras capacidades sensoriales y antiguos instintos, aunque el hombre, según le sea necesario, puede activar esta habilidad y llegar a redescubrir estos sentidos para sobrevivir. Quien medita con cristales, no necesita este ojo para su supervivencia, y sí para aumentar su conciencia, ya que éste pone a la persona en contacto con la mayor parte del mundo físico, esas partes que son invisibles a la vista física.

El Tercer Ojo recoge información como las vibraciones de una habitación, los sentimientos de las personas, las energías etéricas y espirituales y todo aquello que el ojo físico no registra. El que la persona sea consciente de esta información depende de su nivel de desarrollo. Todos nosotros tenemos la habilidad innata de entrenar esta capacidad no utilizada y ponerla a pleno rendimiento.

Una comprobación sencilla de la localización de este chakra consiste en imaginar un objeto claramente proyectado en la pantalla mental. Deje que sea algo con una silueta general en la que pueda pensar fácilmente incluso si en ese momento no puede «verlo» mentalmente. Cierre los ojos y «véalo» lo más claramente que pueda. Si todavía no puede verlo, probablemente podrá trabajar mentalmente sobre la silueta. En ambos casos, hágalo aparecer del tamaño de una caja de cerillas. Con los ojos todavía cerrados, apunte con el dedo índice al centro de su objeto y adelante el dedo hasta tocar físicamente la frente. Este punto será la localización del Tercer Ojo.

Siéntese en el suelo cara al norte, o bien en una silla de respaldo recto, que la ropa no le oprima nada, y consiga estar lo más cómodo que pueda, pero sin dormirse.

Los dos pies planos sobre el suelo o adopte la posición del loto. Puede sostener su cristal personal con la mano izquierda o con ambas manos descansando en el regazo, tal como ha visto en el dibujo.

1

1. Cierre los ojos.
2. Realice tres inspiraciones cortas consecutivas por la nariz y llene los pulmones.
3. Contenga cada inspiración contando hasta tres.
4. Realice tres espiraciones cortas por la boca con los labios fruncidos, expulsando todo el aire de los pulmones.

5. Repita este proceso dos veces más. Puede que experimente un ligero mareo. No se exceda.

LOS SIETE CHAKRAS MAYORES

N.º	Chakra	Localización	Color
1	Raíz (Muladdhara)	Extremo inferior de la columna	Rojo
2	Bazo (Svadhishthana)	Junto a la primera vértebra lumbar	Naranja
3	Plexo solar (Manipura)	Frente a la octava y novena vértebra	Amarillo
4	Corazón (Anahata)	Centro del pecho	Verde
5	Garganta (Vishdda)	Frente a la laringe	Azul
6	Tercer Ojo (Ajna)	Centro de la frente	Índigo
7	Corona (Sahasrara)	Parte superior del cráneo	Violeta

6. Cuente hacia atrás de nueve a uno para establecer una pauta de respiración profunda, natural y rítmica.
7. Informe a su control biológico de tiempo que le devuelva a la conciencia plena en quince minutos. Si no confía en su reloj interno, haga que alguien interrumpa la sesión a la hora determinada. Es sorprendente, sin embargo, lo preciso que se vuelve nuestro bio-reloj con práctica.
8. Con los ojos bien cerrados, escoja un color de trabajo que se ajuste a su estado emocional en ese momento.
9. Construya mentalmente una pirámide de cuatro lados alrededor de su cuerpo.

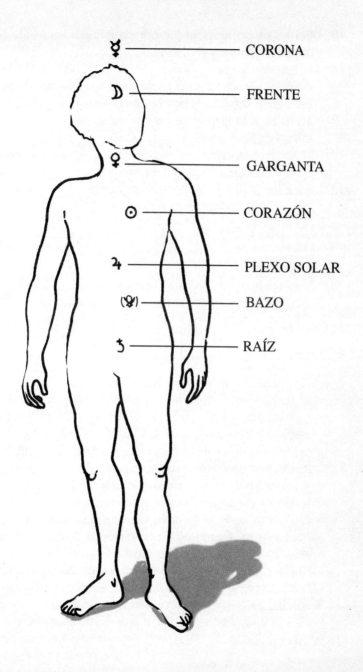

CORONA

FRENTE

GARGANTA

CORAZÓN

PLEXO SOLAR

BAZO

RAÍZ

10. Forme su vértice a un pie por encima del centro de su cabeza.
11. Gradúe uniformemente los cuatro lados de la pirámide desde el vértice hasta el suelo. Los dos extremos traseros caerán detrás del cuerpo. Los dos extremos frontales acabarán a cada lado de los pies tal como le muestra el dibujo de la pirámide.
12. Llene la estructura con el color preescogido para conseguir una carga completa de energía.
13. Siga los pasos de la meditación anterior hasta tener el cristal en el interior de la pirámide.

II

14. Llene la pirámide con luz blanca para protegerse, ya que ahora se abrirá a nuevas frecuencias de vibración.

III

15. Centre mentalmente su atención en el primer chakra, que se localiza en la base de la columna. Imagine una flor cerrada roja y brillante sobre este punto. Libere gentilmente los pétalos llevándolos hacia el frente, a la zona del hueso púbico. En otras palabras, imagine los pétalos de una flor naciendo en la parte posterior de su columna y abriéndose completamente en la parte frontal. Puede imaginar el número de pétalos que quiera. En su libro *Los Chakras,* C.W. Leadbeater dice que se supone que tiene cuatro. Cuando los pétalos estén completamente abiertos, suba al chakra del bazo.
16. Repita el mismo proceso con el chakra del bazo, una gran flor naranja de seis pétalos. Cuando esté completamente abierta, céntrese en el plexo solar, que tiene una flor amarilla de diez pétalos. Repita el proceso de apertura.
17. Suba al chakra del corazón y abra sus 12 pétalos verdes.

18. Siga con los pétalos azules de la garganta, los 96 pétalos índigo del Tercer Ojo y termine con los 972 pétalos violeta de la corona. El número real de pétalos carece de importancia; visualizar y sentir la apertura de cada chakra es lo importante. Utilice los pétalos como quiera.

IV

19. Deje que su mente y su cuerpo sientan un nuevo nivel de conciencia dentro de la luz blanca de la pirámide.
20. Céntrese en el cristal como en los pasos tercero y cuarto de la segunda meditación, introduzca su cristal personal.
21. Permanezca atento a los colores y/o símbolos que pueden aparecer.
22. Al terminar los quince minutos asignados, salga del interior del cristal.
23. Cierre mentalmente los pétalos de cada chakra, empezando por el de la corona y bajando hasta la base. Algunos dejan un pétalo rojo abierto en el chakra base. Se cree que éste no está nunca cerrado del todo, ya que por él fluye hacia el interior del cuerpo una de las principales corrientes de energía. Usted personalmente puede decidir dejarlo o no abierto.
24. Cuente de uno a nueve y sal.

Reflexiones

Cuando la persona se inicia en la meditación y abre su chakra por primera vez, ésta es más susceptible y sensible a todas las frecuencias de vibración; los chakras cerrados la protegen de todas estas vibraciones negativas asociadas con la vida diaria.

La «radio humana» está mejor sintonizada.

Siga con este ejercicio de meditación hasta que abrir y cerrar los chakras se convierta en natural para usted. El cristal le servirá para modular las energías despertadas, así como para ayudar a centrar su mente.

4.ª MEDITACIÓN (DESPERTAR SUPERIOR)

Con esta meditación, consigue despertar las fuerzas intuitivas aletargadas del Tercer Ojo.

I

1. Tiéndase de espaldas en un sofá, cama o el suelo.
2. Sitúe un cristal «con la punta hacia arriba» en el centro de su frente, sobre la zona del Tercer Ojo. Si su cristal personal es demasiado grande, escoja una punta más pequeña o un cuarzo de doble terminación. Este último producirá un efecto más poderoso al crear un ciclo continuo, tomando energía del cuerpo y absorbiendo energía de los campos áureos.

II

3. Relaje su mente y su cuerpo mediante el ejercicio de respiración profunda.
4. Cuente de nueve a uno con los ojos cerrados.
5. Programe el reloj biológico para quince minutos.
6. Aquí no se utilizará la pirámide porque es difícil formarla en posición yacente. Trabaje con una figura de capullo.
7. Imagine la figura de un huevo. Visualícese en su interior y procure ser capaz de ver a través de su cáscara opaca. Experimente con el tamaño de su capullo. Puede que se sienta más cómodo si está a dos pulgadas o dos pies de su cuerpo.

III

8. Con su cáscara correctamente colocada y los ojos cerrados, empiece a abrir los chakras, empezando por la base de su primer chakra, y subiendo hasta completar los siete.

APERTURA DE LOS CHAKRAS
EN LA PIRÁMIDE

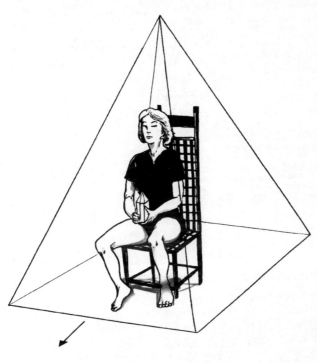

IV

9. Concentre su centro de conciencia en el cristal sobre su Tercer Ojo. Observe los colores y/o formas que cruzan la pantalla de su mente. Al principio puede que sólo vea manchas de color oscuras moviéndose de un lado a otro. Si no aparece nada más tangible, forme un punto, un triángulo o una figura sencilla cualquiera. Mire fijamente primero al objeto y después más allá. Este sencillo ejercicio le ayudará a concentrarte a la vez que ayuda a bloquear cualquier pensamiento de la mente consciente que interfiera.

CRISTAL EN EL TERCER OJO

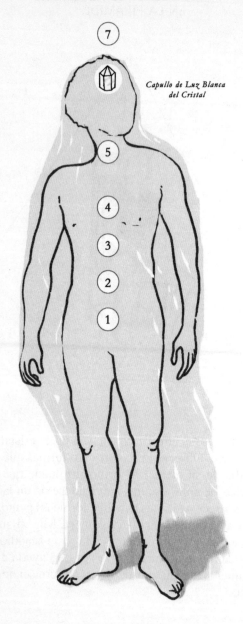

*Capullo de Luz Blanca
del Cristal*

10. Relájese y flote con las imágenes, símbolos y/o colores que aparezcan. Estos son una señal de que su Tercer Ojo empieza a abrirse.

V

11. Cierre los chakras cuando expiren los 15 minutos.
12. Cuente de uno a nueve.
13. Retire el cristal de tu frente.

Reflexiones

Si no logra imaginar la figura de un capullo, inténtelo imaginando un rollo de papel de seda sobre una sábana blanca, situados por encima de tu cabeza. Tire del papel y la sábana hacia abajo simultáneamente de modo que le cubran por delante y por detrás hasta más abajo de sus pies. Tome conciencia de esta cobertura blanca y translúcida que envuelve todo su cuerpo. Sienta su energía creando un capullo de protección contra cualquier vibración negativa. Hay personas que llevan esta estructura de modo permanente a su alrededor. La razón para esto: cuanto más se abre uno espiritualmente, más vulnerable se vuelve a las vibraciones de naturaleza negativa.

Puede hacer muchas variaciones en esta meditación. Puede tener un cristal «con la punta hacia arriba» en cada mano y otro sobre el Tercer Ojo. Otra variante se da en la siguiente meditación.

Tenga siempre presente cuánto poder es capaz de manejar. Si las energías son demasiado intensas, salga inmediatamente. Cuando realice estos ejercicios más avanzados, sería bueno que alguien fuera controlando para asegurarse de que todo va bien. Explique a esa persona que nunca debe tocar su cuerpo en estado de meditación, ni tampoco debe hacer ruidos fuertes; ya que el daño que le ocasionará puede ser intenso y provocar malestar temporal.

5.ª MEDITACIÓN (CRISTALES DE LOS CHAKRAS)

Para este ejercicio de meditación, use siete cristales, el mismo número que los chakras mayores. Estos cristales pueden ser de una punta o de doble terminación, que sean pequeños, para que su descanso en cada chakra no resulte incómodo. Puede también asegurar el cristal con cinta adhesiva si quieres.

I

1. Estírese de espaldas sobre una superficie cómoda.
2. Coloque un cristal «con la punta hacia arriba» en dirección a su cabeza (si es de una punta) sobre cada chakra en la parte frontal de su cuerpo.
3. Envuelva su cuerpo mentalmente en un capullo blanco.
4. Condúzcase a un estado de meditación mediante los ejercicios de respiración y cuenta.
5. Programe su reloj biológico para quince minutos.

II

6. Concentre su atención en el cristal que yace sobre su chakra base. Hágase consciente de su peso y temperatura.
7. Abra lentamente los pétalos rojos de la flor.
8. Repita el proceso con el resto de los chakras y sus colores correspondientes.
9. Sienta la energía entrando y fluyendo por esos centros.

III

10. Empiece a empujar mentalmente una corriente uniforme de energía luminosa blanca del chakra base al de corona. Si se utilizan cristales de doble terminación, envíe la corriente de vibración arriba y abajo de esos centros. Se creará una corriente circular de energía completa.

11. Cuando la corriente esté bien establecida, trate de enviar vibraciones de diferentes colores a través y alrededor de los cristales.

IV

12. Cuando se acabe el tiempo, acuérdese de cerrar todos los chakras.
13. Retire los cristales suavemente; cualquier movimiento torpe o brusco puede producir un considerable malestar.

Reflexiones

Con esta meditación será más consciente de los puntos de energía de su cuerpo, a la vez que le ayuda también a la apertura de los chakras, usando las vibraciones dirigidas de los cristales. El calor y la corriente magnética del cuerpo estimulan al cuarzo y orientan su corriente energética en un recorrido determinado (recorriendo el cuerpo de arriba a abajo si es un cristal de doble terminación). Si se experimentan hormigueos intensos en las zonas de los chakras quiere decir que las vibraciones del cristal y las de su cuerpo se están entremezclando y equilibrando entre sí. Sus chakras están siendo alineados.

Este ejercicio debe repetirse hasta que se sientan todos los chakras abiertos. Los quince minutos pueden entonces extenderse a veinte, según la facilidad con que se haya manejado la energía.

6.ª MEDITACIÓN (TRIÁNGULOS DE LUZ)

El punto final de meditación consiste en dos ejercicios independientes que le inducirán a una conciencia consciente aún mayor. Dos triángulos entrelazados son el símbolo universal de un hombre ligado a su yo superior; unidos forman una estrella de seis puntas llamada la Estrella de David, o Sello de Salomón; símbolo de un significado religioso profundo para el pueblo judío, es también un poderoso modelo de energía para trabajar en niveles de conciencia altos.

Separados los triángulos, el primero con la punta hacia abajo, representa las energías del hombre y su cuerpo físico. El segundo, que apunta hacia arriba, se refiere a la conciencia superior del hombre y sus cuerpos espirituales. Ambas figuras se unen sobre el chakra de corazón, enlazándose en un tejido conjunto.

Tal vez quiera visualizar esta estrella en su perspectiva tri-dimensional. Ésta forma dos triángulos de tres lados circuns-critos, uno sobre el corazón y otro debajo de éste.

Para la meditación, los triángulos se usan por separado pero para la curación se usará la Estrella de David completa como lo verá dispuesto más adelante.

Los triángulos pueden ser utilizados tanto para aumentar las energías físicas como para un levantamiento espiritual. Para que la elevación espiritual alcance un nivel de conciencia superior, debe utilizarse el triángulo que apunta hacia arriba. Para benefi-cios físicos, el vértice apunta hacia abajo.

Para llevar a cabo la meditación, se necesita un cristal per-sonal además de tres cristales de una punta, colocados como le muestran las figuras de la página siguiente.

1

1. Coloque una silla o un cojín en una zona apropiada.
2. Para una meditación espiritual tome una de las puntas sen-cillas y colóquela en el suelo, aproximadamente a un pie del centro por detrás de su silla o cojín.
3. Coloque uno de los cristales sencillos con la punta hacia la silla.
4. Tome los otros dos y coloque cada uno a un pie de dis-tancia frente a tu silla, donde descansarán sus pies. La dis-

CRISTALES SOBRE LOS CHAKRAS

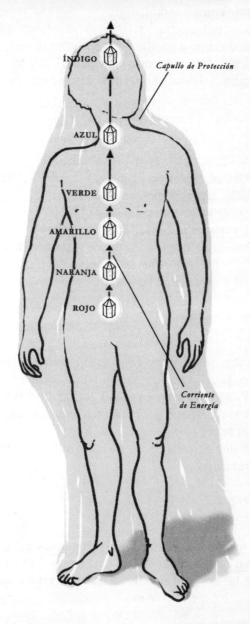

ÍNDIGO

Capullo de Protección

AZUL

VERDE

AMARILLO

NARANJA

ROJO

*Corriente
de Energía*

posición debe reproducir un triángulo equilátero, un circuito completo de energía.

5. Para una meditación física, invierta los cristales. Coloque uno frente a su silla y los otros dos detrás. El cristal del frente apunta hacia la parte posterior de la silla. Los cristales de la parte posterior del triángulo apuntan al frente.

II

6. Siéntese en el centro de tu triángulo.
7. Use su cristal personal para unir los vértices del triángulo, agarrándolo con la mano izquierda y pasando su punta sobre los cristales en el suelo.
8. Unalos en la dirección de las agujas del reloj en tres circuitos completos. Si puede disponer de otra persona, haga que ésta reúna las energías del triángulo en un cristal (no su cristal personal).

III

9. Abra sus chakras. Deje que el cuerpo y la mente floten en las energías originadas por los cristales.
10. Puede entrar en su cristal personal o simplemente sentarse y esperar que aparezcan imágenes en la pantalla de tu tercer ojo.
11. Salga después de los quince o veinte minutos predeterminados.

Reflexiones

Si ha meditado con uno o dos triángulos, ha debido sentir un alivio total de las cargas físicas y mentales. Las energías procedentes de los cristales en el suelo han creado un circuito perfecto que hace que experimente eso.

Si es posible, siéntese con las piernas cruzadas sobre un cojín y forme así una pirámide de energía con su propio cuerpo. Se producirá una doble fuerza energética.

Practicque de forma salteada los seis ejercicios hasta que encuentre el que satisfaga sus necesidades. Aunque no desarrolle imágenes mentales, no se preocupe; su yo físico y el espiritual se benefician de todas maneras. Si se duerme durante la meditación, no se preocupes tampoco. Los beneficios se reciben igual. Lo que cuenta es la disciplina y el esfuerzo de concentración.

Cuando ya haya probado todos los ejercicios, empiece a experimentar con otras disposiciones de meditación con cristales. Las posibilidades son infinitas.

LA ESTRELLA DE DAVID

Triángulos entrelazados.

*Dos triángulos entrelazados juntos
(están simplemente puestos uno encima de otro).*

DISPOSICIONES DE CURACIÓN CON CRISTALES

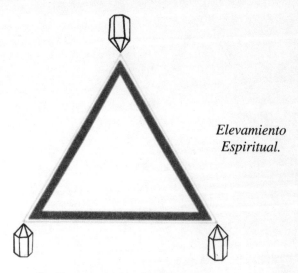

*Elevamiento
Espiritual.*

*La figura muestra la dirección
de las puntas de los cristales.*

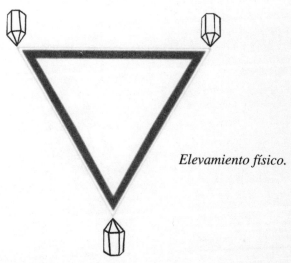

Elevamiento físico.

ÍNDICE

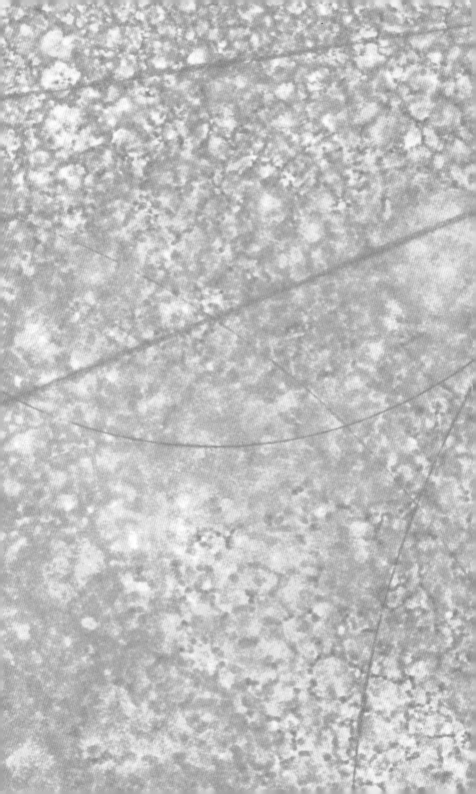

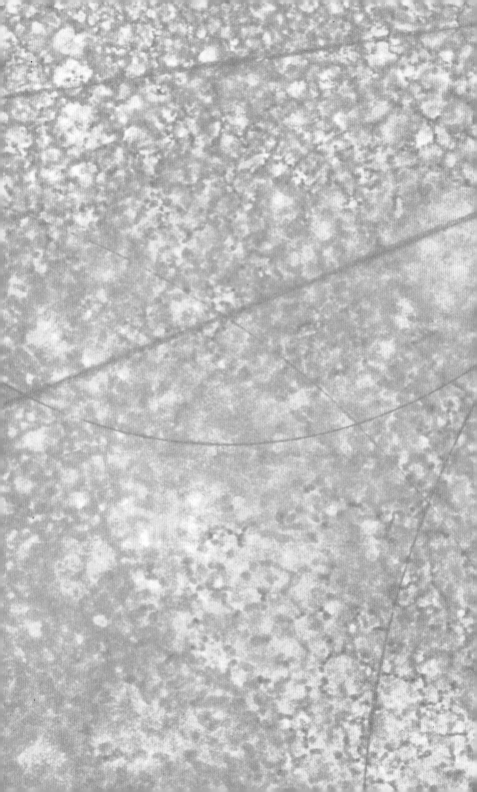